Treasury
of
Children's
Classics

in Spanish and English

William T. Tardy

Printed on recyclable paper

National Textbook Company
NTC a division of *NTC Publishing Group* • Lincolnwood, Illinois USA

1995 Printing

Dedicated to
Red Riding Hood, Cinderella,
the Pied Piper of Hamelin, and
all the wonderful characters
that help make learning Spanish
a delightful experience.
—The Editors

Contents

Introduction

Treasury of Children's Classics in Spanish and English is a delightful collection of traditional folktales adapted especially for young readers with a basic reading knowledge of either English or Spanish.

Readers of all ages will enjoy these beloved tales that have fascinated generations of listeners and readers for hundreds of years. The vocabulary and grammar in the stories have been kept simple, so that young people or newcomers to English or Spanish can read them with understanding and pleasure.

Each story is followed by questions, which readers can use to discuss the plot elements. Answers are provided to check reading comprehension.

For English-speakers who are learning Spanish *or* Spanish-speakers learning English, this collection can serve as an enjoyable second-language reader. When used in this way, this book allows its readers to consult a complete translation of the stories in their first language, so that no one need be frustrated in an attempt to understand what a difficult passage in the second language means.

Youngsters will enjoy the unexpected, tongue-in-cheek departures from the traditional story lines that have been introduced here.

Beginning readers in Spanish or English are sure to make progress as they read through the entertaining tales in *Treasury of Children's Classics in Spanish.* And this success will motivate them to go on to other, more advanced readings.

Treasury of
Children's Classics

Caperucita Roja

❧ I ❧

Una muchachita vivía con su madre en una casita cerca de un gran bosque.

La niña no tenía ni padre ni abuelos.

Su madre era viuda.

Tenía una abuela que era viuda también.

Su abuela vivía en una casita al otro lado del bosque.

Como la niña tenía la costumbre de usar una caperuza roja, todo el mundo la llamaba *Caperucita Roja*.

Un día su madre le dijo:

—Hijita, tu abuela está enferma. ¿Quieres llevarle una cesta de dulces?

—Sí, por supuesto, Mamacita— respondió Caperucita Roja, que era una niña muy amable y simpática.

—Bueno, aquí está la cesta llena de dulces— dijo la madre.—Como sabes, para llegar a la casa de tu abuelita, tienes que cruzar el bosque. En el bosque hay lobos. No demores, y si un lobo se te acerca, llama a uno de los numerosos leñadores que trabajan en el bosque.

—Pierda Ud. cuidado, Mamacita. Yo llegaré salva y sana a la casa de mi abuelita— respondió Caperucita Roja.

Pues la niña puso la cesta de dulces en un brazo y dentro de poco había entrado en el bosque.

Descuidando los sabios consejos de su madre de no demorar en el bosque, Caperucita iba cogiendo flores y poniéndolas en la cesta.

De pronto se le apareció un lobo grande, feroz y hambriento. El alimento favorito de este lobo era la carne de muchachitas, pero como tenía miedo a los leñadores que trabajaban cerca de allí, resolvió conseguir su alimento favorito con mañas. Así dijo con voz suave:

—Buenos días, Caperucita. ¿Adónde vas con esa cesta llena de dulces y flores?

Aunque la niña, como hemos visto, era amable y simpática, tenía el gran defecto de ser algo desobediente y estúpida.

Ya había desobedecido a su madre al demorar en el bosque para coger flores.

Y ahora demostró su estupidez en contestar al lobo en vez de llamar a los leñadores. Dijo:

—Muy buenos días a Ud., señor Lobo. Llevo esta cesta de dulces y flores a mi abuelita que está enferma.

—¡Qué lástima que tu abuelita esté enferma!—exclamó el lobo.—¿Dónde vive ella?

(Hay que saber que aunque la carne favorita de este lobo era la de niña, tenía muchísima hambre y estaba dispuesto a comer hasta la carne menos tierna de abuela.)

Pero Caperucita Roja siendo a la vez joven y estúpida, no sospechó nada y respondió:

—Ella vive en la primera casita blanca al otro lado del bosque.

—Bueno—dijo el lobo.—Quisiera conocer a tu abuela. Vamos a ver quién llega primero a su casa.

Después de decir esto el lobo empezó a correr rápidamente hacia la casa de la abuela infortunada.

Caperucita, por su parte, continuó su paso lento, recogiendo más flores.

No es preciso decir que el lobo llegó pronto a la casa de la abuela.

Llamó a la puerta con una pata, ¡*pim*, *pam*!

—¿Quién llama?—gritó la abuela desde su dormitorio.

—Soy su nieta Caperucita Roja—replicó el lobo en un tono suave.—Le traigo una cesta de dulces y flores.

—Entra, que la puerta no está cerrada con llave—dijo la pobre abuela.

El lobo abrió la puerta, corrió al dormitorio, se abalanzó sobre la anciana y la tragó, pero sin masticarla.

Entonces se acostó en la cama de la abuela esperando la llegada de Caperucita Roja, porque, como hemos visto, el lobo tenía muchísima hambre.

🟥 *Conversación*

1. ¿Dónde y con quién vivía la niña?
   Ella vivía con su madrecita en una casita cerca de un bosque.
2. ¿Qué viudas había en su familia?
   Su madre y su abuela eran viudas.
3. ¿Dónde vivía su abuela?
   Vivía en una casa blanca al otro lado del bosque.
4. ¿Por qué se llamaba *Caperucita Roja* la niña?
   Se llamaba *Caperucita Roja* porque tenía la costumbre de usar una caperuza roja.
5. ¿Qué le preguntó su madre un día?
   Le preguntó si quería llevar una cesta de dulces a su abuela enferma.

6. ¿Qué le respondió la niña a su madre?
Le dijo que llevaría la cesta de dulces con mucho gusto.

7. ¿Qué tenía que cruzar para llegar a la casa de su abuela?
Tenía que cruzar un gran bosque.

8. ¿Qué animales vivían en el bosque?
Los lobos vivían allí.

9. ¿Qué sabios consejos dio la madre a su hija?
Su madre le dijo que no demorara en el bosque y que llamara a un leñador si un lobo se le acercara.

10. ¿Cómo descuidó Caperucita los consejos de su madre?
Iba cogiendo flores y poniéndolas en la cesta.

11. ¿Qué animal se le apareció a la niña?
Un lobo se le apareció.

12. ¿Por qué no la comió en el bosque?
El lobo tenía miedo a los leñadores.

13. ¿Cómo saludó el lobo a la niña?
Le dijo:—Buenos días, Caperucita. ¿Adónde vas con esa cesta llena de dulces y flores?

14. ¿Por qué habló Caperucita con el lobo?
Habló con él porque ella era desobediente y estúpida.

15. ¿A quiénes quería comer el lobo?
Tenía tanta hambre que quería comer a la niña y a su abuela.

16. ¿Quién llegó primero a la casa de la abuela?
El lobo llegó primero.

17. ¿Cómo llamó a la puerta?
Llamó con una pata, *¡pim, pam!*

18. ¿Qué respondió el lobo cuando la abuela le preguntó quién llamaba?
Respondió que era Caperucita Roja y que le llevaba una cesta de dulces y flores.

19. ¿Qué hizo el lobo a la abuela?
    La tragó sin masticarla.
20. ¿Por qué esperó la llegada de Caperucita?
    El lobo tenía muchísima hambre.

❧ II ☙

Dentro de poco llegó la niña a la casa de su abuela. Llamó a la puerta con la manecita derecha, *¡pim, pam!*

El lobo imitando la voz de la abuela, preguntó:

—¿Quién llama?

La muchachita respondió con las mismas palabras que el lobo había usado:

—Soy su nieta Caperucita Roja. Le traigo una cesta de dulces y flores.

—Entra—dijo el lobo. —La puerta no está cerrada con llave.

La niña entró en el dormitorio y puso la cesta sobre una mesa.

Como había muy poca luz en el dormitorio, Caperucita no reconoció al lobo. Creyó que era su abuelita. También hay que recordar que la niña no era muy lista.

Acercándose a la cama, ella dijo:

—Abuelita, ¡qué orejas tan grandes tiene Ud.!

—Lo mejor para oírte—replicó el lobo.

—¡Y qué ojos tan grandes tiene!

—Lo mejor para verte.

—¡Qué brazos tan largos tiene!

—Lo mejor para abrazarte.

—¡Qué dientes tan afilados tiene!

—¡Lo mejor para comerte!

Al decir estas palabras el lobo saltó de la cama, se abalanzó sobre Caperucita, y la tragó, pero como en el caso de la abuela, sin masticarla.

7

Ahora el lobo no tenía más hambre, pero sí tenía muchísimo sueño. Volvió a acostarse y bien pronto empezó a roncar.

Roncó con tanta fuerza que las paredes de la casa vibraron. Y un leñador pasando delante de la casa oyó el ruido terrífico y entró para ver la causa.

Al ver al lobo acostado en la cama y con el cuerpo muy henchido, el leñador sacó de la cocina un cuchillo grande y de una sola tajada abrió el estómago del animal.

La abuela y la nieta, que ya estaban al punto de asfixiarse, salieron del estómago del lobo y dijeron:

—Muchas gracias, señor leñador.

No hay que decir que desde aquel entonces Caperucita no volvió a tratar con ningún lobo.

* * * * * *

Muchas versiones del cuento de *Caperucita Roja* afirman que el leñador mató al lobo antes de que éste pudiera tragar a la abuela y a la nieta. Lo hacen para no asustar a los niños que escuchen el cuento. Pero ésta es la relación verdadera del cuento de *Caperucita Roja*.

❧ *Conversación*

1. ¿Cómo llamó Caperucita a la puerta de la casa de su abuela?
   Llamó con la manecita derecha, *¡pim, pam!*

2. ¿A quién imitó el lobo al preguntar a la niña quién llamaba?
   Imitó la voz de la abuela.

3. ¿Qué respondió la muchachita?
   Respondió que era Caperucita Roja que llevaba una cesta de dulces y flores a su abuela.

4. ¿Estaba cerrada con llave la puerta?
   No estaba cerrada con llave.

8

5. ¿Por qué creyó Caperucita que el lobo era su abuela?
   No había mucha luz en el dormitorio. Además, la niña
   no era muy lista.
6. Según el lobo, ¿por qué tenía las orejas tan grandes?
   Las tenía tan grandes para oír mejor a Caperucita Roja.
7. ¿Por qué tenía los ojos tan grandes?
   Los tenía tan grandes para ver mejor a la niña.
8. ¿Por qué tenía los brazos tan largos?
   Los tenía tan largos para abrazarla mejor.
9. ¿Por qué tenía los dientes tan afilados?
   Los tenía afilados para comer mejor a la muchachita.
10. ¿Masticó el lobo a Caperucita?
    No, la tragó sin masticarla.
11. ¿Qué hizo el lobo después de tragar a la niña?
    Se acostó, se durmió y roncó.
12. ¿Quién oyó el ruido?
    Un leñador lo oyó.
13. ¿Qué sacó de la cocina el leñador?
    Sacó un cuchillo grande.
14. ¿Qué cortó con el cuchillo?
    Cortó el estómago del lobo.
15. ¿Quiénes salieron del estómago?
    La abuela y su nieta salieron de él.
16. ¿Qué dijeron al leñador?
    Le dijeron:—¡Muchas gracias!
17. ¿Qué lección enseñó esta experiencia a Caperucita Roja?
    Le enseñó la lección de no tratar con lobos.
18. ¿Qué dicen muchas versiones de este cuento?
    Dicen que el lobo no tragó ni a la abuela ni a la niña.
19. ¿Por qué lo dicen?
    Lo dicen para no asustar a los niños.
20. ¿Es ésta la relación verdadera?
    Por supuesto.

9

La Cenicienta

Había un caballero que tenía una hijita llamada Alba. Aunque este caballero era noble y rico, estaba triste porque su esposa se había muerto y la niña necesitaba los cuidados y el amor de una madre.

Para conseguir una madre para Albita el padre resolvió casarse otra vez. Se dijo a sí mismo:

—Conozco a una viuda llamada Belandra que puede ser una buena madre para Albita; ella tiene dos hijas que pueden ser como hermanas mayores para mi hijita.

El caballero y Albita fueron a visitar a la viuda y a sus hijas, llamadas Belisa y Benita.

La viuda, advertida ya de la visita, había hecho muchos preparativos y Alba fue objeto de mil manifestaciones de cariño.

—¡Qué niña tan bella, simpática e inteligente!— exclamó la viuda Belandra. —Mis hijas serán hermanas mayores para ella. Le enseñarán a tocar el piano, a bailar y a cocinar.

Y sus hijas movieron afirmativamente la cabeza.

El caballero estaba muy contento porque las tres trataban con tanto cariño a su amada Albita. Al poco tiempo se casó con la viuda y ella y sus hijas fueron a vivir en la hermosa casa de Albita y su padre.

Todos estuvieron muy contentos por algunos meses hasta que el padre tuvo que hacer un viaje largo del que nunca volvió.

Con la ausencia de su padre, las cosas empezaron a cambiar para Albita. Belandra y sus hijas Belisa y Benita empezaron a tratarla a como una sirvienta.

❀ *Conversación*

1. ¿Cómo se llamaba la hijita del caballero?
   Se llamaba Alba.
2. ¿Por qué estaba triste el caballero?
   Estaba triste porque su esposa se había muerto y Alba no tenía madre.
3. ¿Qué resolvió hacer para conseguir una madre para la niña?
   Resolvió casarse otra vez.
4. ¿Quería casarse para tener una nueva esposa?
   ¡No, no! Sólo para tener una madre para Albita.
5. ¿Cómo se llamaba la viuda con quien él quería casarse?
   Se llamaba Belandra.
6. ¿Cómo se llamaban las dos hijas de la viuda?
   Se llamaban Belisa y Benita.
7. ¿Eran más jóvenes o más viejas que Alba?
   Eran más viejas.
8. ¿A quiénes fueron a visitar el padre y la hija?
   Fueron a visitar a Belandra y sus dos hijas.
9. ¿Quién había hecho muchos preparativos para la visita?
   La viuda, por supuesto.
10. ¿Qué exclamó Belandra al ver a Albita?
    Ella exclamó:—¡Qué niña tan bella, simpática e inteligente!

11. ¿Era éste su sentimiento verdadero?
    De ningún modo.
12. Pues, ¿por qué se expresó así?
    Tenía la intención de esclavizar a este hombre rico y noble.
13. Según lo que dijo la viuda, ¿qué le enseñarían sus hijas a Albita?
    Le enseñarían a tocar el piano, a bailar y a cocinar.
14. ¿Qué hicieron las dos hijas de Belandra cuando ella dijo esto?
    Movieron afirmativamente la cabeza.
15. ¿Por qué estaba contento el caballero?
    Estaba contento porque las tres trataban a su hijita con cariño.
16. ¿Dónde vivieron todos después del casamiento?
    Vivieron en casa de Albita y su padre.
17. ¿Hasta cuándo estuvieron contentos todos?
    Estuvieron contentos hasta que el padre hizo un viaje del que nunca volvió.

❧ II ❧

Albita tenía que levantarse al amanecer y trabajar hasta tarde por la noche. Tenía que fregar el suelo, encender los fuegos, lavar los platos, dar de comer a los animales y servir a Belandra y a sus dos hijas.

Muy tarde en la noche, después de limpiar la cocina, Albita estaba tan cansada que solía echarse para descansar sobre las cenizas junto al hogar. Por eso todo el mundo vino a llamarla la Cenicienta.

Un día se anunció que Cristalín, el príncipe heredero, sería presentado a la corte. A la casa de Albita llegó una invitación del rey para la gran fiesta.

13

Belandra y sus hijas se volvieron locas de alegría. A la media hora llegaban a la casa la sombrerera, la modista, el zapatero y el peluquero; pues la madrastra y sus hijas querían lucirse en la fiesta.

Las tres no dijeron a Albita que la invitación le correspondía a ella por haber sido su padre noble y amigo del rey.

Llegó la noche de la gran fiesta y Belandra y sus hijas partieron para el palacio después de burlarse de la pobre Cenicienta.

La muchacha quedó sola en casa y empezó a llorar amargamente. Por fin exclamó:

—¡Oh, mi Hada buena! ¿Por qué no estás conmigo?

—Aquí estoy—contestó una bella mujer que apareció por encanto. Era la buena Hada. Estaba vestida con una túnica y tenía una varita en la mano.—Siempre has sido buena y estoy dispuesta a ayudarte —dijo. —Quieres ir a la fiesta, ¿verdad?

—Sí, sí—respondió la Cenicienta.—Pero no tengo ni zapatos, ni vestido ni nada.

El Hada la tocó con su varita y los harapos se convirtieron en un vestido muy hermoso y sus zapatos rotos se convirtieron en zapatitos de cristal. Entonces el Hada hizo de una calabaza un coche espléndido, convirtió cuatro ratoncitos en caballos, un ratón en cochero, y dos langostas en lacayos.

14

❦ Conversación

1. ¿Cuándo tenía que levantarse Albita?
   Tenía que levantarse al amanecer.
2. ¿Hasta cuándo tenía que trabajar?
   Tenía que trabajar hasta tarde por la noche.

3. ¿Qué tenía que lavar?
   Tenía que lavar los platos.
4. ¿Qué tenía que hacer para los animales?
   Tenía que darles de comer.
5. ¿A quiénes servía?
   Servía a Belandra y a sus dos hijas.
6. ¿Por qué se llamaba Cenicienta?
   Se llamaba Cenicienta porque tenía la costumbre de descansar, muy tarde en la noche, sobre las cenizas junto al hogar.
7. ¿Quién iba a ser presentado a la corte?
   Cristalín, el príncipe heredero, iba a ser presentado a la corte.
8. Cuando la invitación llegó a la casa de Albita, ¿quiénes se volvieron locas de alegría?
   Belandra y sus hijas se volvieron locas de alegría.
9. ¿Quiénes llegaban a la casa a la media hora?
   Llegaban la sombrerera, la modista, el zapatero y el peluquero.
10. ¿Cuándo partieron para el palacio Belandra y sus hijas?
    Partieron la noche de la gran fiesta.
11. ¿Por qué empezó Albita a llorar amargamente?
    Lloró porque no iba al palacio del rey.
12. ¿A quién llamó la muchacha?
    Llamó a su Hada buena.
13. ¿Cómo estaba vestida el Hada cuando apareció a Albita?
    Estaba vestida de una túnica y tenía una varita en la mano.
14. ¿Qué ocurrió cuando el Hada tocó a la muchacha con su varita?

15

Los harapos se convirtieron en un vestido hermoso y los zapatos rotos se convirtieron en zapatitos de cristal.
15. ¿Qué convirtió en coche el Hada?
Convirtió una calabaza en coche.
16. ¿En qué fueron convertidos los cuatro ratoncitos?
Fueron convertidos en caballos.
17. ¿En qué clase de criado fue convertido el ratón?
El ratón fue convertido en cochero.

❧ III ❧

—¡Vete al palacio y diviértete mucho!—exclamó el Hada, —pero a las doce en punto se romperá el encanto y estarás como antes. Tienes que salir del palacio antes de la medianoche.

—Lo haré, querida Hada—prometió la Cenicienta.

Y en seguida la joven subió en el coche y fue al palacio donde el príncipe Cristalín había de ser presentado a la corte y donde tendría lugar la más lujosa de las fiestas.

Cuando la Cenicienta entró en el palacio todos se quedaron admirados de su hermosura. Cristalín la invitó a bailar el primer baile con él, y después, todos los otros bailes. Ella y el príncipe encabezaron la gran marcha hacia el salón de banquetes y juntos gozaron de la cena exquisita.

La Cenicienta, por su gracia y belleza, fue la reina de la fiesta. Estaba tan feliz que el tiempo voló para ella, hasta que al volver la cabeza vio que el reloj estaba a punto de dar las doce.

La Cenicienta huyó y el príncipe corrió tras ella. Al bajarse la joven por la escalera, se le saltó uno de sus zapatitos de cristal pero ella no se detuvo para recogerlo. Huyó como un rayo y el príncipe la perdió de vista, pero se quedó con el zapatito de cristal.

Cuando ella llegó fuera del palacio, el reloj del palacio empezó a dar las doce y la Cenicienta volvió a llevar su ropa vieja y remendada, con excepción del zapatito de cristal, que ella resolvió guardar como recuerdo.

Después de llegar la madrastra y sus dos hijas a casa contaron a la Cenicienta muchos cuentos sobre las atenciones que habían recibido del príncipe. La muchacha sonrió sin decir una palabra.

❧ *Conversación*

1. Según lo que el Hada dijo a la Cenicienta, ¿a qué hora se rompería el encanto?
   Se rompería a la medianoche.
2. ¿Qué prometió hacer la Cenicienta?
   Prometió salir del palacio antes de la medianoche.
3. ¿Cómo fue la joven al palacio del rey?
   Fue en un coche.
4. ¿Quién iba a ser presentado en la corte?
   El príncipe heredero iba a ser presentado.
5. ¿De qué se quedaron admirados todos cuando la muchacha entró en el palacio?
   Todos se quedaron admirados de la hermosura de la muchacha.
6. ¿Con quién bailó el príncipe Cristalín todos los bailes?
   Los bailó con la Cenicienta.
7. ¿Quiénes encabezaron la gran marcha hacia el salón de banquetes?
   Cristalín y la Cenicienta la encabezaron.
8. ¿Quién fue la reina de la fiesta?
   La Cenicienta, por supuesto.

17

9. Cuando la joven vio que el reloj estaba a punto de dar las doce, ¿qué hizo?

Ella huyó, con el príncipe tras ella.

10. ¿Qué se le saltó a ella al bajarse por la escalera?

Se le saltó uno de sus zapatitos de cristal.

11. ¿Se detuvo ella para recogerlo?

No, pero el príncipe Cristalín lo recogió.

12. ¿Dónde estaba la Cenicienta cuando el reloj del palacio empezó a dar las doce?

Estaba afuera del palacio.

13. ¿En qué condición volvió a estar su ropa?

Volvió a estar vieja y remendada, con excepción del zapatito de cristal.

14. ¿Qué resolvió guardar la Cenicienta como recuerdo?

Resolvió guardar el zapatito de cristal.

15. ¿Qué contaron la madrastra y sus dos hijas a la Cenicienta?

Le contaron muchos cuentos sobre las atenciones que habían recibido de Cristalín.

16. ¿Por qué sonrió la Cenicienta?

Sonrió porque sabía que la madrastra y sus hijas no decían la verdad.

❈ IV ❈

El príncipe Cristalín se puso tan triste al no poder hallar a la hermosa joven que se enfermó. Los reyes, sus padres, hicieron fabricar copias del zapatito de cristal perdido. Entonces enviaron a varios nobles a todas las casas del reino a ver qué mujer podría calzar la copia para que el príncipe se casara con ella.

Todas las jóvenes del reino, sabiendo que el zapatito era muy pequeño, empezaron a hacerse masajes en los pies.

Por fin un noble enviado por el rey llegó con una copia del zapatito a la casa de Cenicienta. La madrastra y sus dos hijas trataron de calzarse el zapatito, pero sin éxito.

El noble halló a la Cenicienta en la cocina y ella fácilmente metió su pequeño pie en el zapato y mostró al caballero el otro de cristal que ella había escondido.

Después, todo pasó como un sueño. Los reyes lloraron de alegría y el príncipe se recuperó y se sintió muy feliz.

El rey anunció la próxima boda de su hijo, el príncipe Cristalín, con la princesa Alba.

Se hicieron mil festejos en el palacio y por todo el reino.

Pronto el día de la boda llegó. La Cenicienta, estando sola unos momentos antes de la ceremonia, pensaba en su buena Hada y murmuró el deseo de verla otra vez. En seguida el Hada apareció a su lado. La joven la besó y le dio las gracias por todo lo que el Hada había hecho por ella.

Entonces el Hada se escondió afuera del palacio para ver a la Cenicienta salir con el príncipe. Los vio salir y subir en el coche regio y perderse de la vista.

Luego el Hada partió para continuar sirviendo a otras niñas buenas.

19

❀ *Conversación*

1. ¿Por qué se puso el príncipe tan triste que se enfermó?
   Porque no podía hallar a la hermosa joven.
2. ¿Qué hicieron fabricar los reyes?
   Hicieron fabricar copias del zapatito de cristal perdido.

3. ¿Qué llevaron los nobles a todas las casas del reino?
   Llevaron copias del zapatito de cristal.

4. ¿Por qué hicieron masajes en los pies todas las jóvenes del reino?
   Sabían que el zapatito era muy pequeño.

5. ¿Tuvieron la madrastra y sus hijas éxito en calzarse una copia del zapatito?
   No, porque las tres tenían los pies muy grandes.

6. ¿Quién metió fácilmente su pie en el zapatito?
   La Cenicienta lo hizo.

7. ¿Qué mostró ella al caballero noble?
   Le mostró el otro zapato de cristal que ella había escondido.

8. ¿Por qué lloraron los reyes?
   Lloraron de alegría porque la hermosa joven había sido encontrada.

9. ¿Se puso bueno el príncipe Cristalín?
   Seguro que sí.

10. ¿Qué anunció el rey?
    Anunció la próxima boda del príncipe con Alba.

11. ¿Dónde se hicieron mil festejos?
    Se hicieron en el palacio y por todo el reino.

12. ¿Qué deseo murmuró la Cenicienta momentos antes de la boda?
    Murmuró el deseo de ver a su buena Hada otra vez.

13. ¿Cuándo apareció el Hada al lado de la joven?
    Apareció en seguida.

14. ¿Por qué la besó y le dio las gracias la joven?
    Porque el Hada le había facilitado la captura de un príncipe.

15. ¿Por qué se escondió el Hada afuera del palacio?
Lo hizo para ver a la Cenicienta salir con Cristalín.
16. ¿Qué vio el Hada?
Vio a la ex-Cenicienta salir del palacio, subir en el
coche regio y perderse de la vista.

El flautista de Hamelín

❈ I ❈

Una vez había una ciudad llamada Hamelín.

Esta ciudad estaba situada en las orillas de un río y cerca de una montaña grande.

Sus habitantes eran ricos y prósperos.

En el pueblo había muchísimos niños.

Los niños eran contentos y bien amados de sus padres.

Por una causa desconocida la bella ciudad llegó a ser afligida por un sinnúmero de ratones.

Millares de ratas y ratones y ratoncitos ocuparon el lugar.

Entraron en los huertos, subieron los árboles frutales y comieron todas las frutas.

Descendieron a los jardines y comieron todas las legumbres y verduras.

Entraron en las tiendas de abarrotes y comieron casi todos los víveres.

Los maliciosos animales hasta bebieron la leche de las botellas y latas.

Pronto todos los habitantes de Hamelín empezaron a sufrir del hambre.

Los gordos se pusieron flacos y los flacos llegaron a parecer esqueletos vivos.

Importaron gatos, muchísimos gatos, para exterminar a los ratones.

Pero para cada gato había mil ratones.

Así los ratones pusieron a fuga a todos los gatos.

Mientras tanto, los habitantes sufrían cada día más del hambre.

El alcalde de la ciudad mandó que los carpinteros y demás artesanos construyeran trampas con que coger los malditos ratones.

Se construyeron miles y miles de trampas.

En las trampas se puso queso oloroso y sabroso.

Sin embargo, los ratones eran tan astutos que lograron comer el queso sin ser cogidos en las trampas.

Ya sufrían los habitantes de Hamelín tanto que parecía que todos iban a morir.

En medio de esta aflicción llegó a Hamelín un flautista.

Este flautista tocaba su flauta tan maravillosamente que tenía el poder de encantar a los seres humanos y también a los animales.

El flautista apareció ante el alcalde y los miembros del ayuntamiento.

24

Les ofreció librar completamente los ratones de la ciudad.

—¿Cuánto nos costará?—le preguntaron.

—Mil duros, señores.

—¿Y Ud. garantiza que ningún ratón quedará en la ciudad?

—Sí, señores, lo garantizo.

—¿Y garantiza también que nunca volverá a haber más ratones aquí?—le preguntaron.

—Garantizo eso también.

Con estas garantías el alcalde y el ayuntamiento firmaron un contrato con el flautista.

Según el contrato, iban a pagar al flautista los mil duros después de que exterminara toditos los ratones.

❧ *Conversación*

1. ¿Cómo se llamaba la ciudad?
   Se llamaba Hamelín.
2. ¿Dónde estaba situada la ciudad?
   Estaba situada en la orilla de un río y cerca de una montaña.
3. ¿Cómo eran los habitantes de Hamelín?
   Eran ricos y prósperos.
4. ¿Por qué vivieron contentos los muchísimos niños de la ciudad?
   Vivieron contentos porque eran bien amados de sus padres.
5. ¿De qué llegó a ser afligida la ciudad?
   Llegó a ser afligida por muchísimos ratones.
6. ¿Qué comieron los ratones en los huertos?
   Comieron las frutas.
7. ¿Qué comieron en las tiendas de abarrotes?
   Allí comieron los víveres.
8. ¿Cuál era la bebida favorita de los ratones?
   Su bebida favorita era la leche.
9. ¿De qué empezaron a sufrir los habitantes de Hamelín?
   Empezaron a sufrir del hambre.
10. ¿Qué importaron para exterminar los ratones?
    Importaron muchísimos gatos.
11. ¿Exterminaron los gatos a los ratones?
    No, los ratones pusieron a fuga a todos los gatos.

25

12. Pues, ¿qué mandó construir el alcalde?
El alcalde mandó construir trampas para coger los ratones.
13. ¿Quiénes construyeron las trampas?
Los carpinteros y demás artesanos las construyeron.
14. ¿Cómo mostraron los ratones que eran muy astutos?
Comieron el queso sin ser cogidos en las trampas.
15. ¿Quién llegó a Hamelín en medio de esta aflicción?
Un flautista llegó allí.
16. ¿Qué poder tenía el flautista?
Tenía el poder de encantar con su flauta a los seres humanos y a los animales.
17. ¿Qué ofreció al alcalde y a los miembros del ayuntamiento?
Les ofreció librar la ciudad de los ratones.
18. ¿Qué precio pidió para garantizar eso?
Pidió mil duros.
19. ¿Se aceptó la oferta del flautista?
Sí, se aceptó la oferta.
20. ¿Quiénes firmaron el contrato?
El flautista, el alcalde y el ayuntamiento firmaron el contrato.

26 ❬ II ❭

En seguida el flautista pasó por las calles de Hamelín tocando su flauta mágica.

Resultó que, además de ser astutos, los ratones de Hamelín eran también grandes amantes de la música buena.

Al oír sonar sus danzas y canciones favoritas, los ratones acudieron al flautista.

Salieron de las tiendas de abarrotes, de las cocinas, de los huertos y de los jardines.

Todos los millares de ratones congregaron alrededor del flautista para gozar de la música.

Luego el flautista se puso en marcha hacia el río.

Por supuesto, los ratones siendo tan aficionados a la música buena, lo siguieron.

Y cuando el flautista nadó en el río con el agua hasta las rodillas, los ratones también entraron en el río.

Los animalitos, no pudiendo nadar, se ahogaron todos.

Resultó que su afición a la música buena fue la causa de su liquidación.

Habiendo exterminado a todos los ratones de Hamelín, el flautista acudió al alcalde y al ayuntamiento para cobrar su premio.

—Señores—dijo el músico, —he cumplido mi parte de nuestro contrato; he matado a todos los ratones de Hamelín.

—¿Es posible que más ratones vengan a nuestra ciudad? —le preguntaron.

—No es posible—replicó el flautista.—Vengo por mis mil duros.

En vez de pagar al músico, el alcalde y el ayuntamiento tuvieron una conferencia privada.

En la conferencia determinaron no pagarle.

Le dijeron lo que habían determinado.

—Pues, bien—respondió el flautista;—Uds. recibirán un castigo bien merecido.

27

Luego el flautista volvió a pasar por las calles de Hamelín tocando su música maravillosa.

Esta vez no había ratones que seguirlo porque todos ya se habían ahogado en el río.

Pero todos los niños y todas las niñas de la ciudad fueron encantados por la música.

Salieron en pos del flautista.

Él los condujo a la montaña cercana.

Cuando llegaron a la montaña se les abrió una puerta grande, por la cual todos entraron.

Todos con una sola excepción. Había un niño cojo que tenía que seguir la procesión a una distancia.

Al llegar el niño a la montaña, la puerta ya se había cerrado.

La puerta se había cubierto de rocas y vegetación y no se podía hallar.

El niño cojo volvió tristemente a la ciudad.

Al saber los padres lo que había ocurrido, fueron a la montaña y buscaron la puerta.

Pero todo era en vano; nunca la hallaron.

A causa de la perfidia del alcalde y de los miembros del ayuntamiento los padres habían ahorrado mil duros.

Pero habían perdido sus posesiones de más valor: sus niños.

❦ Conversación

1. ¿Por dónde pasó tocando su flauta el flautista?
   Pasó por las calles de Hamelín.

2. ¿De qué eran grandes amantes los ratones de Hamelín?
   Eran grandes amantes de la música buena.

28   3. ¿A quién acudieron los ratones?
   Acudieron al flautista.

4. ¿De dónde salieron los ratones?
   Salieron de las tiendas de abarrotes, de las cocinas, de los huertos y de los jardines.

5. ¿Adónde fue el flautista?
   Fue al río.

6. ¿Por qué lo siguieron los ratones?
   Lo siguieron porque eran muy aficionados a la música que tocaba el flautista.

7. ¿Qué hicieron los ratones cuando el flautista entró en el río?
Ellos entraron en él también.

8. ¿Por qué se ahogaron los ratones?
Se ahogaron porque no podían nadar.

9. ¿A quiénes acudió el flautista para cobrar su premio?
Acudió al alcalde y al ayuntamiento.

10. ¿Qué les dijo?
Les dijo que había cumplido su parte del contrato matando a todos los ratones de Hamelín.

11. ¿Qué le preguntaron?
Le preguntaron si era posible que más ratones vinieran a Hamelín.

12. ¿Quiénes tuvieron una conferencia privada?
El alcalde y el ayuntamiento la tuvieron.

13. ¿Qué determinaron en la conferencia?
Determinaron no pagar al flautista.

14. Cuando se lo dijeron al flautista, ¿qué respondió?
Respondió que recibirían un castigo bien merecido.

15. ¿Por dónde volvió a pasar el flautista?
Volvió a pasar por las calles de Hamelín.

16. ¿Quiénes lo siguieron esta vez?
Lo siguieron todos los niños de la ciudad.

17. ¿Adónde los condujo el flautista?
Los condujo a la montaña cercana.

18. ¿Cómo entraron en la montaña?
Entraron por una puerta que se les abrió.

19. ¿Por qué no podían hallar la puerta los padres de los niños?
La puerta estaba cubierta de rocas y vegetación.

20. ¿Por qué estaban tristes los padres?
Estaban tristes porque habían perdido para siempre a sus queridos niños.

El gallo y el zorro

Un gallo seguido de sus gallinas, daba una vuelta por el corral cuando vio a un zorro en un rincón. El gallo era muy joven y nunca había visto un zorro.

Su primera intención fue subirse a la percha para ponerse a salvo. Pero el zorro hizo en seguida grandes protestas de amistad y lo aseguró que no le haría daño alguno.

—Pasaba casualmente por estos alrededores—dijo el astuto zorro,—cuando oí tu dulce voz.

Al gallo le gustaron estas palabras aduladores y esperó en el corral a que su improvisado amigo continuara.

—Todavía me acuerdo de tu padre—dijo el zorro.— ¡Ah, qué buen cantador era tu padre! Se subía de puntillas y extendía sus alas cuando cantaba, y al dar su nota más aguda, solía cerrar los ojos. ¡Ah, ya no hay cantadores como él!

Estas palabras no le gustaron al gallo y determinó demostrar que sabía cantar tan bien como su padre. Se levantó de puntillas, batió furiosamente las alas, alargó el cuello y

31

empezó su canto. Al dar la nota más alta, cerró los ojos a la manera de su padre.

Éste era el momento que el zorro había esperado. Cogió al pobre cantor por el pescuezo, se lo cargó sobre la espalda y comenzó a correr hacia el bosque.

Cuando las gallinas vieron tan triste espectáculo, lanzaron un gran cacareo de alarma. La viuda a quien pertenecían las gallinas acudió al instante con sus dos hijas, y todas juntas se pusieron a correr en persecución del malvado zorro.

❧ *Conversación*

1. ¿De quiénes era seguido el gallo?
   Era seguido de sus gallinas.
2. Mientras daba una vuelta por el corral, ¿qué vio el gallo?
   El gallo vio a un zorro en un rincón del corral.
3. ¿Por qué nunca antes había visto el gallo a un zorro?
   Era porque el gallo era muy joven.
4. ¿Cuál fue la primera intención del gallo cuando vio al zorro?
   Su primera intención fue subirse a la percha.
5. ¿Qué protestas hizo el zorro?
   Hizo grandes protestas de amistad.
6. ¿Qué le aseguró el zorro al gallo?
   Le aseguró que no le haría daño alguno.
7. Según lo que dijo el zorro, ¿qué hacía cuando oyó la dulce voz del gallo?
   El zorro dijo que pasaba casualmente por estas partes.
8. ¿Le gustaron al gallo estas palabras aduladores?
   Sí, le gustaron muchísimo.
9. ¿Por qué no se subió el gallo a la percha?
   Esperó en el corral a que su improvisado amigo continuara.

10. Según el zorro, ¿era buen cantador el padre de este gallo?
Sí, era un cantador muy bueno.
11. ¿Qué hacía el padre cuando cantaba?
Se subía de puntillas, extendía sus alas, y al dar su nota más alta, cerraba los ojos. Era el mejor de los cantadores.
12. ¿Qué determinó demostrar el gallo?
Determinó demostrar que sabía cantar tan bien como su padre.
13. ¿Cuándo empezó su canto?
Empezó su canto después de levantarse de puntillas, batir furiosamente las alas, y alargar el cuello.
14. ¿Qué hizo al dar la nota más alta?
Cerró los ojos a la manera de su padre.
15. Cuando el gallo cerró los ojos, ¿qué hizo el zorro?
Cogió al gallo por el pescuezo, se lo cargó sobre la espalda y comenzó a correr hacia el bosque.
16. ¿Qué hicieron las gallinas cuando vieron tan triste espectáculo?
Ellas lanzaron un gran cacareo de alarma.
17. ¿A quién pertenecían las gallinas y el gallo?
Pertenecían a una viuda.
18. ¿Quiénes se pusieron a correr en persecución del zorro?
La viuda y sus dos hijas se pusieron a correr en persecución del malvado zorro.

33

❊II❊

El animal tuvo que correr mucho para no ser cogido, pero al fin llegó al bosque. Y en el bosque había estado bien seguro si el gallo no hubiera hablado.

—Si yo fuera tú—dijo el gallo al zorro,—me pararía aquí mismo. Me comería en un momento mi presa, y que la fueran luego a buscar la viuda y sus hijas.

El zorro tuvo la debilidad de hablar, y contestó:

—Es verdad; así lo haré.

En el momento en que abrió la boca para decir estas palabras sintió que se le escurría el pescuezo del gallo, y en un abrir y cerrar de ojos el ave se había encaramado en un árbol.

—¡Oh!—exclamó el zorro,—he obrado mal dándote este susto. Te ruego me dispenses, amigo gallo. Baja y te diré la idea que tenía.

—¡Ah, no!—dijo el gallo;—no volverás a oírme cantar ante un zorro y con los ojos cerrados. Me has dado una buena lección y quiero demostrarte que la he aprendido muy bien.

Lo mismo digo yo—replicó el zorro cabizbajo.—Bien merecido tengo lo que me acaba de pasar, por haber hablado cuando debía callar.

34

❧ *Conversación*

1. ¿Adónde llegó al fin el animal?
   Llegó al bosque.
2. Cuando llegaron el zorro y el gallo
   al bosque, ¿cuál habló?
   El gallo habló primero.
3. ¿Qué dijo el gallo?
   El gallo dijo que el zorro debía
   pararse y comer su presa.
4. ¿Qué debilidad tuvo el zorro?
   Tuvo la debilidad de hablar.
5. ¿Qué contestó el zorro al gallo?
   Dijo:—Es verdad; así lo haré.
6. ¿Qué hizo el gallo cuando el zorro
   abrió la boca para hablar?
   El gallo se escapó y se encaramó en
   un árbol.
7. ¿Confesó el zorro que tenía la intención de comer al gallo?
   No. El zorro dijo que era gran amigo del gallo.
8. ¿Qué le respondió el gallo?
   El gallo le dijo que había recibido
   una buena lección: que el zorro nunca lo oiría cantar otra vez con los
   ojos cerrados.

35

Los siete cabritos

Una vez había una cabra que tenía siete cabritos.

Todos eran muy simpáticos y su madre los quería mucho.

Vivían en una casita cerca de un bosque.

Un día la madre queriendo ir al bosque a pacer, llamó a sus hijos y les dijo:

—Voy al bosque a pacer y quiero que no abráis la puerta a nadie durante mi ausencia. Sobre todo, tened cuidado del lobo porque si entra os comerá a todos.

—¿Cómo podemos reconocerlo? — preguntaron los cabritos.

—Por su ronca voz y sus negras patas.

Los cabritos aseguraron a su mamá que se guardarían del lobo.

Ella salió y ellos cerraron la puerta con llave.

Al poco rato, los cabritos oyeron una voz a la puerta diciendo:

—Abrid, hijos; soy vuestra mamá.

Los cabritos advirtieron que la voz era ronca y no era la de su madre.

—¡Tú no eres nuestra mamá! Ella tiene la voz dulce. La tuya es ronca. ¡Eres el lobo!

37

El lobo se fue resolviendo endulzar su voz.

De un granjero obtuvo una cesta llena de huevos y los tragó.

Los huevos endulzaron su voz y el lobo corrió a la casa de la cabra.

Estaba determinado a comerse a los siete inocentes cabritos.

Llamó a la puerta diciendo:

—Abrid, hijos, porque soy vuestra mamá y os traigo cosas que os gustarán.

—¡Es mamá, es mamá; abramos en seguida!—gritaron seis de los cabritos.

Pero el más pequeño vio una negra pata del lobo por una rendija y exclamó:

—¡No abráis; la pata que veo por la rendija es negra!

Los otros cabritos viendo que su hermanito tenía razón, rehusaron abrir la puerta.

—¿Qué debo hacer?—se preguntó el lobo.—¡Ah! Sí; ya lo sé—dijo contestando su propia pregunta.

Corrió a una panadería, donde obtuvo masa que puso en las patas.

Entonces fue a un molino, donde obtuvo harina con que cubrió la masa.

Ahora sus patas eran tan blancas como la nieve.

Volvió a la casa de los cabritos.

Cuando éstos oyeron la voz dulce y vieron las patas blancas del lobo, abrieron la puerta.

❧ *Conversación*

1. ¿Cuántos cabritos tenía la cabra?
   La cabra tenía siete cabritos.
2. ¿Es verdad que la cabra quería mucho a sus cabritos?
   Sí, los cabritos eran muy simpáticos y su madre los quería mucho.

3. ¿Dónde vivían?
Vivían en una casita cerca de un bosque.
4. ¿Adónde fue la cabra para pacer?
Ella fue al bosque.
5. ¿A quienes llamó ella?
Llamó a sus siete cabritos.
6. ¿Qué dijo a sus hijitos?
Les dijo que no abrieran la puerta a nadie durante su ausencia y que, sobre todo, que tuvieran cuidado del lobo.
7. ¿Qué preguntaron los cabritos?
Preguntaron: —¿Cómo podemos reconocer al lobo?
8. ¿Qué respondió su madre?
Respondió:—Podéis reconocerlo por su ronca voz y sus negras patas.
9. ¿Qué aseguraron a su mamá los cabritos?
Le aseguraron que se guardarían del lobo.
10. ¿Cómo cerraron la puerta los cabritos?
La cerraron con llave.
11. Cuando el lobo llegó a la puerta, ¿qué dijo?
Dijo:—Abrid,hijos; soy vuestra mamá.
12. ¿Qué advirtieron los cabritos?
Los cabritos advirtieron que la voz era ronca y no era la de su madre.
13. ¿Por qué resolvió el lobo endulzar su voz?
Resolvió endulzar su voz porque la madre de los cabritos tenía la voz dulce.
14. ¿De quién obtuvo huevos con que endulzar su voz?
Obtuvo los huevos de un granjero.
15. ¿Es verdad que los huevos endulzaron su voz?
Sí, los huevos la endulzaron.
16. Cuando el lobo fue la segunda vez a la casa de la cabra, ¿cuál de los cabritos vio la pata negra?
El cabrito más pequeño la vio.

39

17. ¿Por qué rehusaron abrir la puerta los cabritos?
    Rehusaron abrir la puerta porque su madre no tenía las patas negras.
18. ¿Qué obtuvo el lobo en una panadería?
    Obtuvo masa.
19. ¿Qué obtuvo en un molino?
    Obtuvo harina.
20. ¿Por qué le abrieron la puerta los cabritos al lobo cuando llamó la tercera vez?
    Le abrieron la puerta porque el lobo tenía la voz dulce y las patas blancas y los cabritos creían que era su mamá.

❈ II ❈

El lobo entró y se comió a seis de los cabritos.

El cabrito menor escapó escondiéndose en la caja del reloj.

El lobo buscó al pequeño un rato, pero como ya había saciado su hambre, se marchó.

Dentro de poco la cabra volvió del bosque y entró en su casa.

—¡Pobre de mí!—gritó. —¡El lobo se ha comido a todos mis hijitos!

Pero en aquel momento oyó un débil:—¡bé . . . bé . . . bé!

La cabra comenzó a buscar por todas partes de la casa.

—¡Mamacita, estoy en la caja del reloj!—gritó una voz.

La cabra sacó a su hijito del reloj.

El cabrito le contó cómo el lobo los había engañado cambiando la voz y mostrándoles las patas blancas.

La pobre madre y su cabrito, llorando, salieron de su casa.

Llegando a un prado, oyeron un terrible ruido.

Se aproximaron al ruido y vieron que el lobo dormía y roncaba a la sombra de un árbol.

La cabra examinó al lobo y vio que algo se movía en su barriga.

—¿Será posible—pensó,—que mis hijitos aún estén vivos? Pues dijo al cabrito menor:

—Ve a casa y tráeme tijeras, aguja e hilo. ¡Corre!

El cabrito obedeció a su madre y volvió rápidamente con todo.

La cabra le abrió al lobo la barriga con las tijeras.

Los seis cabritos salieron.

Ninguno de ellos había sufrido el menor daño, pues el lobo los había tragado sin masticarlos.

Por supuesto, todos estuvieron muy alegres.

Pero la madre les dijo:

—Traedme piedras para llenar la barriga del maldito lobo, mientras esté durmiendo.

Los cabritos trajeron las piedras con prisa y la cabra las colocó en la barriga del animal.

Luego ella le cosió la piel sin que el lobo se despertara.

Cuando el lobo se despertó, tenía sed y fue a un pozo.

Se inclinó para beber y tan grande era el peso de las piedras que el animal se cayó en el pozo.

Allí se ahogó.

Los cabritos pasaron el resto de su vida contentos y sin temor.

41

❧ *Conversación*

1. ¿A cuántos cabritos se comió el lobo?
   El lobo se comió a seis de los cabritos.
2. ¿Dónde se escondió el cabrito menor?
   Se escondió en la caja del reloj.
3. ¿Cuándo se marchó el lobo?
   Se marchó después de comerse a los seis cabritos porque

no podía encontrar al séptimo; además ya no tenía hambre.

4. ¿Qué exclamó la cabra cuando volvió a casa?
   Exclamó:—¡Pobre de mí. El lobo se ha comido a todos mis hijitos!

5. ¿Qué le gritó el cabrito menor a su mamá?
   Gritó: —¡Mamacita, estoy en la caja del reloj!

6. ¿Qué contó el cabrito menor a su mamá cuando ella le sacó de la caja del reloj?
   El cabrito le contó como el lobo los había engañado cambiando la voz y mostrándoles las patas blancas.

7. ¿Por qué lloraron los dos?
   Lloraron porque el lobo se había comido a los seis cabritos.

8. ¿Qué oyeron cuando llegaron al prado?
   Oyeron un ruido terrible.

9. ¿Dónde roncaba el lobo?
   Roncaba a la sombra de un árbol.

10. ¿Qué pregunta se hizo a sí misma la cabra?
    Ella preguntó a sí misma: —¿Será posible que mis hijos aún estén vivos?

11. ¿Qué dijo ella al cabrito menor?
    Le dijo: —Ve a casa y tráeme tijeras, aguja, e hilo.

12. ¿Con qué abrió ella la barriga del lobo?
    Ella la abrió con las tijeras.

13. ¿Quiénes salieron de la barriga del lobo?
    Los seis cabritos salieron.

14. ¿Por qué no habían sufrido daño?
    No habían sufrido daño porque el lobo los había tragado enteros sin masticarlos.

15. ¿Qué llevaron a su mamá los cabritos?
    Le llevaron piedras.

42

16. ¿Qué llenó ella con las piedras?

Ella llenó la barriga del lobo con las piedras.

17. ¿Con qué cosió la piel?

Cosió la piel con aguja e hilo.

18. Cuando el lobo se despertó, ¿por qué fue a un pozo?

Fue a un pozo porque tenía sed.

19. ¿Por qué se cayó en el pozo?

Se cayó en el pozo porque el peso de las piedras era tan grande.

43

Bucles de Oro
y los tres osos

❁ I ❁

Vivían en una casita en medio de un gran bosque tres osos.
Uno era un oso grande. Él era el papá.
Una era una osa mediana. Ella era la mamá.
El tercero era un oso pequeño. Él era el niño.
La casita de los tres osos tenía sólo cuatro cuartos: la sala,
el comedor, la cocina y el dormitorio.
No tenía cuarto de baño porque los osos se bañaban en el
río cercano.
Un día la madre preparó sopa.
Echó la sopa en tres ollas: una olla grande para el padre;
una olla mediana para sí misma; y una olla pequeña para
el niño.
Puso las tres ollas sobre la mesa del comedor.
El padre probó la sopa de la olla grande y exclamó:
—¡Ah! La sopa está muy caliente. Vamos a dar un paseo
por el bosque mientras que se enfríe.
La madre, quien, como todas las osas, era muy obediente,
dijo:
—Sí, la sopa está muy caliente. Vamos al bosque.
Y el niño, siendo oso y por lo tanto obediente también,
gritó:

45

—¡Sí, sí! Vamos a dar un paseo mientras que se **enfríe** la sopa.

Y así salió la pequeña familia en su paseo.

Como eran osos honrados que no sospechaban a nadie, no cerraron la puerta con llave.

Resultó que vivía cerca de este mismo bosque una niña que tenía el pelo color de oro.

Por eso todo el mundo la llamaba *Bucles de Oro.*

A esta niña le gustaban muchísimo las flores.

Por casualidad ella estaba en el bosque recogiendo flores mientras que los osos estaban de paseo.

Bucles de Oro entró más y más lejos en el bosque hasta que se perdió.

Llegó a la casita de los tres osos y dijo a sí misma:

—Tal vez en esta casa puedan decirme la dirección de mi casa.

¿Cómo podía saber la niña que esta casa era habitada por osos?

Bucles de Oro llamó a la puerta, *¡pim, pam!*

Por supuesto nadie contestó.

Ella volvió a llamar varias veces, y no recibiendo respuesta, cometió un error grande: abrió la puerta y entró en una casa extraña.

46

🎴 *Conversación*

1. ¿Dónde vivían los tres osos?
   Vivían en una casita en medio de un gran bosque.
2. Descríbanse los tres osos.
   El papá era grande, la mamá era mediana y el niño era pequeño.
3. ¿Qué cuartos tenía la casita?
   La casita tenía sala, comedor, cocina y dormitorio.

4. ¿Por qué no tenía cuarto de baño?
   Los tres osos se bañaban en el río.
5. ¿Qué preparó la madre un día?
   Ella preparó sopa y la echó en tres ollas.
6. Descríbanse las tres ollas.
   La olla del padre era grande, la olla de la madre era
   mediana y la del niño era pequeña.
7. ¿Qué exclamó el padre al probar su sopa?
   Exclamó:—¡La sopa está muy caliente! ¡Vamos a dar
   un paseo por el bosque!
8. ¿Qué dijeron la madre y el niño?
   Dijeron lo mismo.
9. ¿Por qué no cerraron la puerta con llave?
   No la cerraron con llave porque eran honrados y no
   sospechaban a nadie.
10. ¿Quién vivía cerca del bosque?
    Una niña vivía cerca de él.
11. ¿Por qué se llamaba la niña *Bucles de Oro?*
    Se llamaba *Bucles de Oro* porque tenía el pelo color de
    oro.
12. ¿Qué le gustaban a esta niña?
    Le gustaban las flores.
13. ¿Qué hacía Bucles de Oro mientras que los osos estaban
    de paseo?
    Ella estaba recogiendo flores en el mismo bosque.
14. ¿Se perdió en el bosque?
    Sí, ella se perdió allí.
15. ¿Qué dijo a sí misma cuando llegó a la casa de los osos?
    Dijo:—En esta casa tal vez puedan decirme la dirección
    de mi casa.
16. ¿Sabía la niña que osos vivían en esta casa?
    No, por cierto.

47

17. ¿Quién contestó cuando la niña llamó a la puerta?
Nadie contestó.
18. ¿Por qué no contestó nadie?
No había nadie en casa; los osos daban un paseo por el bosque.
19. ¿Llamó la niña a la puerta más de una vez?
Sí, ella llamó varias veces.
20. Luego, ¿qué error grande cometió?
Cometió el error de abrir la puerta y entrar en una casa extraña.

❧ II ❧

Bucles de Oro no era niña mala pero era joven y algo estúpida. De otra manera no hubiera forzado su entrada en una casa extraña.

Sea lo que sea, al entrar en la casita vio sobre la mesa del comedor las tres ollas de sopa.

Además de ser estúpida, parece que Bucles de Oro era una muchacha entrometida también, porque no vaciló en probar la sopa.

Al probar la sopa en la olla grande, exclamó:

—¡Esta sopa no me gusta; está demasiado caliente!

Dijo al probar la sopa en la olla mediana:

—¡Esta sopa no me gusta tampoco; está demasiado fría!

Pero al probar la sopa en la olla pequeña, dijo:

—¡Ah, sí! Esta sopa me gusta muchísimo.

Pues se la tomó y el pobre osito se quedó sin sopa.

Luego Bucles de Oro fue a la sala y se sentó en torno en las tres sillas que estaban allí.

La silla grande no le gustó porque era demasiado blanda.

La silla mediana no le gustó porque era demasiado dura.

Pero la silla pequeña le gustó muchísimo porque era muy cómoda. Por lástima resultó que la silla pequeña era tan frágil que la niña la quebró en mil pedazos.

¡Pobrecito osito! Ya no tenía silla.

Ahora Bucles de Oro tenía sueño. Entró en el dormitorio donde había tres camas: una grande, una mediana y la tercera chiquita.

La niña se acostó en la cama grande, que no le gustó porque era demasiado blanda.

Se acostó en la cama mediana, que no le gustó porque era demasiado dura.

Luego se acostó en la cama pequeña, que era muy cómoda. Era tan cómoda que la niña se durmió en seguida.

Mientras tanto, los tres osos volvieron de su paseo por el bosque. Tenían hambre, mucha hambre.

El papá miró su sopa y exclamó:

—¡Alguien ha probado mi sopa!

(La niña Bucles de Oro era tan malcriada que había dejado la cuchara en la olla.)

La madre miró su sopa con la cuchara en la olla y exclamó:

—¡Alguien ha probado mi sopa también!

Entonces el niño miró su olla vacía y exclamó:

—¡Alguien se ha tomado mi sopa! ¡Pobre de mí!

Los tres osos pasaron a la sala.

—¡Alguien se ha sentado en mi silla!—gruñó el oso grande.

49

—¡Alguien se ha sentado en mi silla también!—exclamó la osa mediana.

—¡Alguien ha roto mi sillita en mil pedazos!—gritó el oso pequeño.

Luego los osos entraron en su dormitorio.

—¡Alguien se ha acostado en mi cama!—gruñó el papá.

—¡Alguien se ha acostado en mi cama también!—bramó la mamá.

—¡Alguien se ha acostado en mi cama, y aquí está!— gritó el niño.

Al oír estas exclamaciones, Bucles de Oro se despertó. Viendo que los tres osos estaban entre ella y la puerta, saltó de la camita, corrió a una ventana, saltó por ella y,olvidando que estaba perdida, corrió rápidamente a su casa.

No hay que decir que nunca volvió a visitar la casa de los tres osos.

❧ Conversación

1. ¿Por qué cometió Bucles de Oro este error?
   Lo cometió porque era joven y bastante estúpida.
2. ¿Qué vio sobre la mesa del comedor?
   Vio las tres ollas de sopa.
3. ¿Por qué probó la sopa?
   La probó porque ella era entrometida y tenía hambre.
4. ¿Qué exclamó Bucles de Oro al probar la sopa en la olla grande?
   Exclamó: —¡Esta sopa está demasiado caliente!
5. ¿Por qué no le gustó la sopa en la olla mediana?
   La sopa en la olla mediana estaba demasiado fría.
6. ¿Le gustó la sopa en la olla pequeña?
   Sí, le gustó tanto que se la tomó todita.
7. Ahora, ¿cuál de los osos no tenía sopa?
   El pobre osito no la tenía.
8. Cuando Bucles de Oro salió del comedor, ¿en qué cuarto entró?
   Entró en la sala.
9. Descríbanse las tres sillas que la niña vio en la sala.
   Había una silla grande para el papá, una silla mediana para la mamá y una silla pequeña para el hijito.

10. ¿Cuál de las sillas era demasiado blanda para Bucles de Oro?
La silla grande era demasiado blanda para ella.
11. ¿Por qué no le gustó la silla mediana?
La silla mediana no le gustó porque era demasiado dura.
12. ¿Cuál de las sillas quebró la niña?
Quebró la silla pequeña del oso pequeño.
13. ¿Por qué no le gustaron a Bucles de Oro ni la cama del padre ni la de la madre?
La cama del padre era demasiado blanda y la de la madre era demasiado dura.
14. ¿Le gustó la camita del osito?
Sí, le gustó tanto que se durmió en ella.
15. ¿Qué tenían los osos cuando volvieron de su paseo por el bosque?
Tenían mucha hambre.
16. ¿Cómo supieron el padre y la madre que alguien había probado su sopa?
Lo supieron porque la niña había dejado las cucharas en las dos ollas.
17. ¿Cómo supo el osito que alguien había probado su sopa?
Lo supo porque ya no había sopa en su olla.
18. ¿Por qué se puso triste el osito cuando vio su sillita?
Se puso triste porque la sillita estaba quebrada en mil pedazos.
19. ¿A quiénes vio Bucles de Oro al despertarse?
Vio a los tres osos cerca de ella.
20. ¿Por qué no salió ella por la puerta?
Ella salió por una ventana porque los osos estaban entre ella y la puerta.

Los tres cerditos

Éranse tres cerditos que vivían con su madre.

La madre era viuda y tan pobre que un día llamó a sus tres hijitos y les dijo:

—Queridos cerditos, no hay nada que comer en casa. Uds. tienen que salir al mundo para buscar la vida.

Así salieron los tres animales para buscar su fortuna en el mundo cruel.

Iban andando por la carretera cuando se encontraron con un hombre que tenía una carga de paja.

—Señor—le dijo al hombre el primer cerdito,—hágame el favor de darme su carga de paja. Quiero construirme una casa de ella.

El hombre debía ser muy bondadoso porque dio toda su paja al primer cerdito.

En seguida el cerdito se construyó una casita de paja. La casita era bonita pero por supuesto algo frágil.

Los dos cerditos restantes seguían su camino cuando se encontraron con un hombre que tenía una carga de ramitas.

—Señor—le dijo el segundo cerdito,—hágame Ud. el

53

favor de regalarme su carga de ramitas. Quiero construirme una casa de ellas.

Este hombre también era muy bondadoso o medio loco, porque regaló toda su carga de ramitas al segundo cerdito.

Con las ramitas el animal se construyó una casita tan bonita y también casi tan frágil como la casa de paja hecha por su hermano, el primer cerdito.

El tercer cerdito iba andando solo por la carretera cuando se encontró con un hombre que tenía una carga de ladrillos.

El cerdito se los pidió al hombre para construirse una casa.

Resultó que este hombre era aún más dadivoso o más loco que los dos otros hombres, porque regaló al tercer cerdito su valiosa carga de ladrillos.

Con ellos el animal se construyó una casa a la vez bonita y fuerte.

En una cueva no muy lejos de las casitas de los tres cerditos vivía un lobo.

Este lobo siempre tenía buen apetito y su alimento favorito era la carne de cerdito.

Determinó comerse a los tres cerditos empezando con el primero.

Pues llamó a la puerta de la casita de paja con una pata, ¡*pim, pam!*

—¿Quién llama a mi puerta?—preguntó el primer cerdito.

—Soy yo, tu buen amigo, el señor Lobo. Quiero visitarte.

—¡No, no! Ud. no puede entrar en mi casa. Los lobos no son amigos de los cerditos.

—Si no me abres la puerta, bufaré y soplaré y destruiré tu casa.

—No es posible destruir mi casa—respondió el cerdito.

Al oír esta respuesta el lobo empezó a bufar y soplar. Bufó y sopló con tanta fuerza que bien pronto la casita se cayó al suelo.

Luego el lobo se comió al pobrecito primer cerdito.

❧ *Conversación*

1. ¿Con quién vivían los tres cerditos?
   Vivían con su madre.
2. ¿Por qué dijo la madre a sus hijitos que tenían que salir
   al mundo para buscar la vida?
   Se lo dijo porque ella era viuda y tan pobre que no
   tenía nada que comer en casa.
3. ¿Por dónde iban andando los tres cerditos cuando se
   encontraron con el primer hombre?
   Iban andando por la carretera.
4. ¿Qué tenía el hombre?
   Tenía una carga de paja.
5. ¿Quién le pidió su carga de paja?
   El primer cerdito se la pidió.
6. ¿Regaló el hombre su paja al cerdito?
   Sí, se la regaló.
7. ¿Qué hizo el primer cerdito con la paja?
   Hizo una casita con ella.
8. Descríbase la casita.
   La casita era bonita pero frágil.
9. ¿Quién obtuvo la carga de ramitas?
   El segundo cerdito la obtuvo.
10. Descríbase la casita construida de ramitas.
    Era tan bonita y casi tan frágil como la casita de paja
    hecha por el primer cerdito.
11. ¿Con quién se encontró el tercer cerdito?
    Se encontró con un hombre que tenía una carga de la-
    drillos.
12. ¿Por qué se los pidió al hombre el tercer cerdito?
    Este cerdito quería construir su casa de ladrillos.
13. ¿Regaló el hombre sus ladrillos al cerdito?
    Sí, se los regaló todos.

55

14. ¿Por qué lo hizo?

Lo hizo por ser dadivoso o loco, o los dos.

15. ¿Era más fuerte la casa del cerdito tercero que las casas de sus dos hermanos?

Por supuesto lo era, porque estaba construida de ladrillos.

16. ¿Dónde vivía el lobo?

Vivía en una cueva cerca de las casitas de los tres cerditos.

17. ¿Cuál era el alimento favorito de este lobo?

Su alimento favorito era la carne de cerdito.

18. ¿Qué dijo el lobo al llamar a la puerta de la casita del primer cerdito?

Dijo que era el señor Lobo, buen amigo del cerdito.

19. ¿Cómo destruyó la casa de paja?

La destruyó bufando y soplando.

20. ¿Qué se comió el lobo?

El lobo se comió al pobrecito cerdito primero.

❀ II ❀

El hambre del lobo quedó satisfecha durante varios días pero al fin comenzó a pensar en lo sabroso que debería ser el segundo cerdito.

Así llamó a la puerta de la casita de ramitas con una pata, *¡pim, pam!*

—¿Quién llama?—gritó el cerdito.

—Soy tu buen amigo, el señor Lobo. Quiero entrar y platicar contigo.

—¡No, no! Ud. no puede entrar. Ud. es mi enemigo mortal; comió a mi hermanito. ¡Yo no quiero ser el alimento de ningún lobo!

—Pues, bien; si no me abres la puerta, bufaré y soplaré y destruiré tu casa.

—Mi casa es más fuerte que la de mi hermanito difunto; Ud. no puede destruirla.

Pero el lobo bufó y sopló con tanta fuerza que pronto quedó completamente destruida la casita de ramitas.

Luego el lobo se comió al infortunado cerdito segundo.

Lo mismo pasó como antes: el lobo ya no tuvo hambre durante varios días. Después, empezó a pensar en lo delicioso y sabroso que sería el tercer cerdito.

Pronto llamaba a la puerta de la casita de ladrillos, *¡pim, pam!*

El cerdito hizo la pregunta acostumbrada:

—¿Quién llama?

Y el lobo dio su respuesta acostumbrada:

—Soy tu querido amigo, el señor Lobo. Quiero entrar y platicar un rato contigo.

—¿Dice Ud. que es mi querido amigo cuando ha comido a mis dos hermanitos? ¡No, no; Ud. es el peor de mis enemigos! Nunca le permitiré entrar en mi casa.

—Pues, bufaré y soplaré y destruiré tu casa.

—Es imposible. Mi casa está hecha de ladrillos y es muy, muy fuerte.

Al oír estas palabras el lobo comenzó a bufar y soplar. Pasó mucho tiempo bufando y soplando, pero sin ningún éxito. Al fin el lobo dijo:

—Confieso, tercer cerdito, que no puedo destruir tu casa de ladrillos. Pero tengo otro recurso: voy a imitar a Santa Claus y bajarme por la chimenea. Entonces te comeré con mucho gusto.

El cerdito no contestó al lobo pero tuvo una idea brillante. Puso una gran caldera de agua en el hogar y cuando el lobo descendió hasta el hogar el agua ya estaba hirviendo.

—¡Socorro, socorro! ¡Estoy sufriendo horriblemente!— gritó el lobo al caer en la caldera de agua hirviendo.

57

Por supuesto el tercer cerdito no estaba dispuesto a ayudar a su enemigo mortal, el matador de sus dos hermanitos. Al contrario, halló deliciosa la sopa de lobo.

❈ *Conversación*

1. Después de varios días, ¿en qué empezó a pensar el lobo?
   Comenzó a pensar en lo sabroso que debería ser el segundo cerdito.
2. ¿Con qué llamó a la casita de ramitas?
   Llamó con una pata; no tenía manos.
3. Cuando el segundo cerdito le preguntó quién llamaba, ¿qué replicó el lobo?
   Replicó que era su buen amigo que quería entrar y platicar con él.
4. ¿Por qué no le dio el cerdito permiso para entrar?
   El segundo cerdito sabía que el lobo ya se había comido a su hermanito, el primer cerdito.
5. Pues, ¿qué hizo el lobo?
   El lobo bufó y sopló hasta destruir la casa de ramitas.
6. ¿Se comió el lobo al segundo cerdito?
   Sí, ¡qué lástima! Se lo comió.
7. ¿Cuándo volvió a tener hambre el lobo?
   Volvió a tener hambre después de varios días.
8. ¿Cuántos cerditos le quedaban para comer?
   Solamente uno le quedaba para comer.
9. ¿Vivía el tercer cerdito en una casa frágil?
   No; este cerdito vivía en una casa muy fuerte.
10. ¿Le dio permiso este cerdito al lobo para entrar en su casa?
    De ningún modo se lo dio.

58

11. ¿Por qué no?
    El cerdito sabía que el lobo se había comido a los otros
    dos cerditos.
12. ¿Qué ocurrió cuando el lobo bufó y sopló?
    Nada ocurrió.
13. ¿Qué otro recurso tenía el lobo?
    Tenía el recurso de bajarse por la chimenea a la manera
    de Santa Claus.
14. ¿Qué idea brillante tuvo el tercer cerdito?
    Tuvo la idea de hervir una caldera de agua en el hogar.
15. ¿Qué gritó el lobo al caer en el agua hirviendo?
    Gritó:—¡Socorro, socorro! ¡Estoy sufriendo horri-
    blemente!
16. ¿Por qué no lo ayudó el cerdito?
    El cerdito no lo ayudó porque el lobo se había comido a
    sus hermanitos del cerdito y quería comerlo.
17. ¿Qué halló deliciosa este cerdito?
    Halló deliciosa la sopa de lobo.

Hánsel y Grétel

✿ I ✿

Un pobre leñador vivía con su esposa y sus dos hijitos en una choza situada en un bosque.

Todos sufrían del hambre y de la pobreza.

La mujer no quería a los niños, que se llamaban Hánsel y Grétel, porque no eran sus hijos.

Por eso la madrastra convenció a su esposo que todos morirían de hambre si quedarían juntos.

Ella dijo al leñador:

—Debemos llevar a los niños a otra parte del bosque y dejarlos allí. Sin duda alguien se compadecerá de ellos y los alimentará.

El padre consintió de muy malas ganas.

A la mañana siguiente todos salieron para una parte lejana del bosque "para juntar leña," según lo que dijo la madrastra.

Después de caminar larga distancia, la mujer dijo a los niños:

—Quédense aquí hasta que volvamos.

Hánsel y Grétel estaban muy cansados.

Pronto se durmieron.

Cuando se despertaron, era de noche.

Los niños caminaron durante toda la noche y la mayor parte del día siguiente.

Por fin oyeron el canto de un pajarito.

Era un pajarito blanco.

Condujo a Hánsel y Grétel a un claro del bosque y los dejó allí.

En el claro había una casita hecha de pan, de miel y nu nueces.

Como tenían mucha hambre, Hánsel y Grétel empezaron a quitar dulces de las paredes y comerlos.

En esto salió de la casa una bruja fea y arrugada.

Ella hizo entrar a los niños y los hizo sentarse ante una mesa.

En la mesa había bizcochos, tortas, bonbones de chocolate y refrescos.

Cuando Hánsel y Grétel hubieron comido todo lo posible, la bruja los llevó a un dormitorio y los hizo acostarse.

Resultó que la bruja había construido la casa de pan de miel y nueces para atrapar a los niños.

No le gustaban los dulces pero sí le gustaba muchísimo comer carne de niños.

62

❦ *Conversación*

1. ¿Dónde y con quiénes vivía el leñador?
   Vivía en una choza situada en un bosque con su esposa y sus dos hijitos.
2. ¿De qué sufrían todos?
   Sufrían del hambre y de la pobreza.
3. ¿Cómo se llamaban los niños?
   Se llamaban Hánsel y Grétel.

4. ¿Por qué no los quería la mujer?
No los quería porque no eran sus hijos.

5. ¿Qué convenció la madrastra a su esposo?
Ella le convenció que todos morirían de hambre si quedarían juntos.

6. ¿Qué dijo al leñador?
Dijo:—Debemos dejar a los niños en otra parte del bosque. Alguien se compadecerá de ellos y los alimentará.

7. ¿Cómo consintió a este plan el padre?
Consintió de muy malas ganas.

8. ¿Adónde fueron todos a la mañana siguiente?
Fueron a una parte lejana del bosque.

9. Al llegar allí, ¿qué dijo la madrastra a los niños?
Les dijo:—Quédense aquí hasta que volvamos.

10. ¿Quiénes estaban muy cansados?
Hánsel y Grétel estaban muy cansados.

11. ¿Qué hicieron pronto?
Se durmieron.

12. ¿Cuándo se despertaron?
Era de noche cuando se despertaron.

13. ¿Cuánto tiempo caminaron los niños?
Caminaron toda la noche y la mayor parte del día siguiente.

14. ¿Adónde los condujo el pajarito blanco?
Los condujo a un claro del bosque.

15. ¿Qué había en el claro?
En el claro había una casita hecha de pan, de miel y de nueces.

16. ¿Por qué empezaron Hánsel y Grétel a quitar los dulces de las paredes y a comerlos?
Lo hicieron porque tenían mucha hambre.

63

17. ¿Quién salió de la casa?
Una bruja fea y arrugada salió.
18. Cuando ella hizo entrar a los niños en la casa, ¿qué les dio de comer?
Les dio de comer bizcochos, tortas, bonbones de chocolate y refrescos.
19. ¿Por qué había construido la bruja su casa de dulces?
Lo había hecho para atrapar a los niños.
20. ¿Le gustaban los dulces a la bruja?
No, su alimento favorito era la carne de niños.

❀II❀

A la mañana siguiente la bruja sacó a Hánsel de la cama y lo metió en una gran jaula en el corral.
Dijo a Grétel:
—Tienes que preparar las comidas para engordar a Hánsel. Voy a comerlo el día de mi cumpleaños.
Grétel tenía que cocinar enormes comidas tres veces al día.
La bruja las llevaba a la jaula en la que estaba preso Hánsel, y le decía:
—Muéstrame tu dedo para que yo sepa cuánto te hayas engordado.
Hánsel sabiendo que la bruja no veía bien, le mostraba un hueso de pollo.
Como el hueso era siempre el mismo, la vieja creía que el niño no se engordaba.
Así pasaron no sólo el día de su cumpleaños sino muchos otros días también.
Por fin la bruja dijo a Grétel:
—Flaco o gordo, me comeré a tu hermano esta misma noche. Llena la olla y pon a hervir el agua. Y vamos a cocer el pan.

Abriendo la puerta del horno la bruja dijo:

—Mete la cabeza en el horno para ver si está caliente.

En este momento apareció el pajarito blanco amigo de los niños.

Le dijo a Grétel que la bruja pensaba quemarla viva.

Así la niña dijo a la vieja:

—Hágame Ud. el favor de enseñarme a meter la cabeza en el horno.

—Con gusto lo haré — respondió la bruja.

Y ella metió su cabeza en el horno.

En seguida Grétel le arrancó el bastón que la bruja siempre llevaba, la tomó por los pies, la empujó en el horno y cerró la puerta.

Entonces la niña sacó de la jaula a su hermano.

El pajarito blanco picoteó el bastón (que era una caña hueca), hasta que lo abrió.

Del bastón cayeron brillantes, perlas, esmeraldas, rubíes y otras piedras preciosas.

Los niños llenaron sus bolsillos con las piedras preciosas.

Entonces siguieron al pajarito hasta que llegaron a la orilla de un lago.

Un cisne vino y los llevó a la otra orilla.

Hánsel y Grétel se despidieron del pajarito y pronto llegaron a casa.

Su padre los recibió con grandes regocijos.

65

Les dijo que la madrastra se había ido para siempre.

Con el dinero que Hánsel y Grétel y su padre recibieron por las piedras preciosas vivieron felizmente.

❧ *Conversación*

1. A la mañana siguiente, ¿dónde metió la bruja a Hánsel?
   Lo metió en una gran jaula en el corral.

2. ¿Qué dijo la bruja a Grétel?
Le dijo que Grétel tenía que preparar las comidas para engordar a Hánsel.

3. ¿Qué hacía la bruja con las enormes comidas que Grétel tenía que cocinar tres veces al día?
Las daba de comer a Hánsel en la jaula.

4. ¿Qué le decía al niño?
Le decía:—Muéstrame tu dedo para que yo sepa cuánto te hayas engordado.

5. ¿Cómo engañaba Hánsel a la bruja?
Él sabía que la bruja no veía bien y le mostraba un hueso de pollo.

6. ¿Qué creía la bruja?
Como el hueso era siempre el mismo, ella creía que el niño no se engordaba.

7. Por fin, ¿qué dijo la vieja a Grétel?
Le dijo:—Flaco o gordo, me comeré a tu hermano esta misma noche.

8. Cuando la niña iba a poner la cabeza en el horno, ¿qué le dijo el pajarito blanco?
El pajarito le dijo que la bruja pensaba quemarla viva.

9. Pues, ¿qué dijo Grétel a la vieja?
Le dijo:—Hágame Ud. el favor de enseñarme a meter la cabeza en el horno.

10. ¿Qué respondió la bruja?
Respondió:—Con gusto lo haré.

11. Cuando la vieja se metió la cabeza en el horno, ¿qué le arrancó la niña?
Le arrancó el bastón que la bruja siempre llevaba.

12. ¿Qué hizo Grétel entonces?

Tomó a la bruja por los pies, la empujó en el horno y cerró la puerta.

13. Entonces, ¿a quién sacó de la jaula la niña?

Ella sacó de la jaula a su hermano.

14. ¿Qué hizo el pajarito blanco al bastón?

Lo picoteó hasta que lo abrió.

15. ¿Qué cayeron del bastón?

Brillantes, perlas, esmeraldas, rubíes y otras piedras preciosas cayeron del bastón.

16. ¿Qué hicieron los niños con las piedras preciosas?

Llenaron sus bolsillos con ellas.

17. ¿Hasta dónde siguieron al pajarito?

Lo siguieron hasta llegar a la orilla de un lago.

18. ¿Qué los llevó a la otra orilla del lago?

Un cisne los llevó allá.

19. ¿Cómo recibió el padre a sus hijitos?

Los recibió con grandes regocijos.

20. ¿Por qué vivió felizmente la pequeña familia desde ahora en adelante?

Vivió felizmente porque ya no era pobre y la madrastra se había ido para siempre.

67

Juanillo y la planta de fríjoles

Juanillo, un niño de doce años de edad, vivía con su madre. Su madre, como casi todas las madres de los cuentos de hadas, era una viuda pobre.

En efecto, era tan pobre que sus únicas posesiones eran Juanillo y una vaca. Por supuesto la vaca era más valiosa que Juanillo.

Sea lo que sea, un día la pobre viuda llamó a su querido hijito y le dijo:

—Juanillo, no hay nada que comer en casa. Lleva la vaca al mercado y véndela para que podamos comprar algo que comer.

Hay que saber que Juanillo, como la mayoría de los niños y las niñas de los cuentos de hadas, era simpático pero poco listo.

—Muy bien, mamacita— respondió el muchacho.

Sacó la vaca del corral y con ella empezó la marcha hacia el mercado.

Después de caminar poca distancia por la carretera Juanillo y su vaca vieron al lado del camino a un hombre que tenía un montón de frijoles para vender.

De todos los alimentos del mundo, los frijoles le gustaban más a Juanillo. Se puede decir que estaba locamente aficionado a los frijoles.

El niño tiró su vaca al lado de la carretera y dijo al vendedor de frijoles:

—Señor, sus frijoles son muy hermosos. ¿Qué precio pide Ud. por ellos?

El vendedor de frijoles era astuto y en un momentito se dio cuenta de que Juanillo era algo estúpido.

—Te daré todos estos frijoles por tu vaca.

A pesar de su estupidez Juanillo vaciló unos momentos ante esta oferta tan ridícula, pero estando tan aficionado a los frijoles dijo por fin:

—Bueno; deme Ud. los frijoles y quédese con la vaca.

Juanillo puso los frijoles en su sombrero y volvió a casa.

Resultó que de ninguna manera estaba su madre aficionada a los frijoles y se enojó muchísimo de lo que había hecho su hijo.

Se enojó tanto que lloró y echó los frijoles por una ventana del dormitorio de Juanillo. Los dos se acostaron sin cenar aquella noche por dos razones: la madre estaba muy enojada a causa de la estupidez de su hijo y no había nada que comer en casa.

70

✿ *Conversación*

1. ¿Cuántos años tenía Juanillo?
   Tenía doce años.
2. ¿Con quién vivía?
   Vivía con su madre.
3. ¿Vivía el padre de Juanillo?
   No, su madre era una viuda pobre.
4. ¿Qué posesiones tenía la madre?
   Sus únicas posesiones eran Juanillo y una vaca.

5. ¿Qué dijo la madre a su querido hijito un día?
Le dijo que, como no había nada que comer en casa, él
debía llevar la vaca al mercado y venderla.

6. ¿Qué característicos tenía Juanillo en común con la
mayoría de los niños de los cuentos de hadas?
Era simpático pero poco listo.

7. ¿Qué respondió a su madre?
Respondió: —Muy bien, mamacita.

8. ¿De dónde sacó la vaca?
La sacó del corral.

9. ¿Qué vieron Juanillo y su vaca al lado del camino?
Vieron a un hombre que tenía un montón de frijoles
para vender.

10. ¿Le gustaban a Juanillo los frijoles?
Sí, les estaba locamente aficionado.

11. ¿Qué dijo el muchachito al vendedor de frijoles?
Le preguntó el precio de los frijoles.

12. ¿De qué se dio cuenta el vendedor de frijoles?
Se dio cuenta de que Juanillo era algo estúpido.

13. ¿Qué le replicó el vendedor?
Le replicó que le daría todos los frijoles por la vaca.

14. ¿Por qué vaciló unos momentos el chico?
Vaciló porque la oferta era tan ridícula.

15. ¿Por qué aceptó la oferta por fin?
La aceptó porque estaba tan aficionado a los frijoles.

16. ¿Cómo llevó los frijoles a casa?
Los llevó a casa en su sombrero.

17. ¿Estaba aficionada a los frijoles su madre?
De ninguna manera.

18. ¿Qué hizo la madre al enterarse de lo que había hecho
Juanillo?

71

Ella lloró y echó los frijoles por una ventana del dormitorio del chico.

19. ¿Comieron los dos una cena buena aquella noche?

No, no comieron nada.

20. ¿Por qué no?

Por dos razones: la madre estaba demasiada enojada y no había nada que comer en casa.

❀ II ❀

Al despertarse a la mañana siguiente Juanillo miró por una ventana de su dormitorio y vio una planta de frijoles tan alta que no podía ver la cima.

—Sin duda tiene cima; voy a subirla—dijo a sí mismo.

Subió y subió hasta llegar a un país en el cielo.

Al llegar allí se encontró con una hada buena que le dijo:

—Juanillo—ella dijo señalando una casa cerca de ellos—allí vive un gigante que le robó los tesoros a tu buen padre. Es tu deber recobrar los tesoros y castigar al gigante.

—Gracias, querida hada. Iré ahora mismo a castigar al gigante y recobrar el tesoro—respondió el muchachito.

Dentro de poco, el niño llamaba a la puerta de la casa del gigante, ¡*pim, pam!*

La esposa del gigante, mujer simpática que tenía mucho miedo a su esposo, abrió la puerta y preguntó:

—¿Qué quieres, muchachito?

—Tengo mucha hambre. ¿No puede darme Ud. algo que comer?—replicó Juanillo.

—Sí. Ven conmigo pero no hagas ruido. Mi esposo el gigante está durmiendo y no quiero que él se despierte.

La mujer le sirvió una buena comida al muchacho pero él no hubo comido largo rato cuando oyó un ruido terrible.

El gigante se había despertado y andaba por la casa exclamando:

—¡Fi, fai, fo, fum, huelo la sangre de un inglés!

La esposa abrió la puerta del horno de la cocina económica y Juanillo se escondió allí.

El gigante no lo descubrió y se sentó a la mesa para comer. Después de comer un almuerzo muy grande, el gigante se divirtió con una gallina que ponía huevos de oro. Luego se durmió en su sillón.

Juanillo lo miraba todo por una abertura del horno, y cuando el gigante empezó a roncar, el niño cogió la gallina que ponía huevos de oro, corrió a la planta de frijoles, se bajó, y pronto llegó a casa.

Por supuesto él y su madre se pusieron ricos y contentos con la venta de los huevos de oro.

Juanillo volvió dos veces a la casa del gigante.

En la segunda visita le quitó al gigante unas talegas de oro, y en la tercera visita le quitó una arpa que hablaba y cantaba.

Al salir el muchacho de la casa del gigante con el arpa, ésta comenzó a gritar:

—¡Despierte Ud., amo, despierte!

Juanillo corrió y se bajó por la planta de frijoles muy de prisa.

73

Al llegar al suelo vio bajarse al gigante.

El muchacho llamó a su madre y los dos cortaron la planta de frijoles con una hacha.

El gigante se cayó y se murió.

Desde entonces en adelante Juanillo y su madre vivieron aún más felices porque ya no tenían miedo al gigante.

❧ *Conversación*

1. A la mañana siguiente, ¿qué vio Juanillo?
   Vio una planta de frijoles.
2. ¿Era muy alta la planta?
   Sí, era tan alta que la cima no se podía verlo.
3. ¿Qué dijo Juanillo a sí mismo?
   Se dijo que iba a subir la planta hasta llegar a la cima.
4. Al subir la planta, ¿adónde llegó el muchacho?
   Llegó a un país extraño.
5. ¿Con quién se encontró allí?
   Se encontró con una buena hada.
6. ¿Qué le dijo el hada?
   Le dijo que vivía allí un gigante que había robado al
   padre de Juanillo y que éste debía recobrar los tesoros
   y castigar al gigante.
7. ¿Cómo era la esposa del gigante?
   Era simpática.
8. ¿Qué contestó Juanillo cuando ella le preguntó qué
   quería?
   Le contestó que tenía mucha hambre y quería algo que
   comer.
9. ¿Qué le sirvió ella?
   Ella le sirvió una comida buena.
10. ¿Qué exclamó el gigante al despertarse?
    Exclamó: —¡Fi, fai, fo, fum, huelo la sangre de un
    inglés!
11. ¿Dónde se escondió Juanillo?
    Se escondió en el horno de la cocina económica.
12. ¿Qué hizo el gigante?
    Se sentó a la mesa para comer.
13. Después de comer, ¿cómo se divirtió el gigante?
    Se divirtió con una gallina que ponía huevos de oro.

14. Después de divertirse con la gallina, ¿qué hizo el gigante?
Se durmió y roncó.
15. Luego, ¿qué hizo Juanillo?
Cogió la gallina mágica y fue rápidamente a casa.
16. ¿Cómo se pusieron su madre y él?
Se pusieron ricos y contentos.
17. ¿Cuántas veces volvió Juanillo a la casa del gigante?
Volvió dos veces.
18. ¿Qué más le quitó al gigante?
Le quitó unas talegas de oro y una arpa que hablaba y cantaba.
19. ¿Qué hicieron Juanillo y su madre cuando vieron al gigante bajarse por la planta de frijoles?
Cortaron la planta con una hacha matando al gigante.
20. Después de esto, ¿por qué vivieron aún más felices la viuda y su hijito?
Vivieron más felices porque ya no tenían miedo al gigante.

75

El espíritu de las aguas y el leñador

Un leñador estaba un día cortando un árbol en la orilla de un río. El hacha le resbaló de la mano y se le cayó al río, hundiéndose en él.

Lleno de pesar, se sentó en la orilla y se puso a llorar. El espíritu de las aguas, que había oído sus lamentaciones, se apiadó de él y se le apareció.

Cuando hubo sabido el motivo de su pena, el espíritu de las aguas bajó al fondo del río, y sacando una hacha de oro, le preguntó:

—¿Es ésta tu hacha?

El leñador respondió:

—No, no es ésta la mía.

El espíritu de las aguas bajó de nuevo al río y sacó una hacha de plata. Y dijo al leñador:

—¿Será, quizás, ésta tu hacha?

El hombre respondió:

—No, tampoco es ésta mi hacha.

Entonces el espíritu de las aguas, bajando por tercera vez al fondo del río, le trajo su verdadera hacha. Al momento de verla, exclamó el leñador, lleno de contento:

—¡Ésta sí que es la mía!

Tan complacido quedó del hombre el espíritu de las aguas, que en premio de su honradez le regaló también las otras dos hachas. En seguida se fue el buen hombre a su casa para enseñar el regalo y contar la aventura a sus compañeros.

A uno de los leñadores se le ocurrió hacer lo propio que había hecho su compañero y ver si le tocaba la misma suerte.

Se acercó al río, dejó caer su hacha en el agua, y se puso a llorar.

El espíritu de las aguas le presentó un hacha de oro y le preguntó:

—¿Es ésta tu hacha?

El leñador, muy contento, se apresuró a decir:

—Sí, sí, ésta es la mía.

Entonces el espíritu de las aguas, para castigarlo por su mentira, no le dio ni el hacha de oro ni la suya propia.

❧ *Conversación*

1. ¿Qué hacía el leñador?
   Estaba cortando un árbol.
2. ¿Dónde estaba?
   Estaba en la orilla de un río.
3. ¿En dónde se cayó su hacha?
   Su hacha se cayó en el río.
4. Luego, ¿qué hizo el leñador?
   Se sentó en la orilla y se puso a llorar.
5. ¿Quién oyó sus lamentaciones?
   El espíritu de las aguas las oyó.
6. ¿Se apiadó de él el espíritu?
   Sí, se apiadó de él y se le apareció.
7. ¿Qué sacó del río el espíritu?
   Sacó una hacha de oro.

8. ¿Qué preguntó al leñador?
 Le preguntó: —¿Es ésta tu hacha?
9. ¿Qué le respondió el leñador?
 El leñador le respondió que no era la suya.
10. Cuando el espíritu de las aguas bajó de nuevo al río, ¿qué sacó?
 Sacó una hacha de plata.
11. ¿Qué dijo al leñador?
 Le dijo: —¿Será, quizás, ésta tu hacha?
12. ¿Qué le respondió el hombre?
 Respondió: —No, tampoco es ésta mi hacha.
13. ¿Qué le trajo el espíritu después de bajar por tercera vez al fondo del río?
 Le trajo su verdadera hacha.
14. Luego, ¿qué exclamó el leñador?
 Exclamó: —¡Esta sí que es la mía!
15. ¿Qué le regaló el espíritu en premio de su honradez?
 Le regaló también las otras dos hachas.
16. ¿Adónde se fue en seguida el leñador?
 Se fue en seguida a su casa para enseñar el regalo y contar la aventura a sus compañeros.
17. ¿Qué idea se le ocurrió a otro leñador?
 Se le ocurrió la idea de hacer lo mismo que había hecho su compañero y ver si le tocaba la misma suerte.
18. ¿Qué hacha presentó el espíritu de las aguas al segundo leñador?
 Le presentó una hacha de oro.
19. Cuando el espíritu le preguntó si el hacha de oro era la suya, ¿dijo mentira o verdad el segundo leñador?
 El segundo leñador le dijo una mentira.
20. ¿Qué hizo el espíritu para castigarlo?
 No le dio ninguna hacha.

79

El Gato con Botas

Un molinero murió dejando a sus tres hijos su molino, su burro y su gato.

Antes de morir el padre dijo a sus hijos:

—Cuando yo muera, trabajad siempre unidos y viviréis bien. En el molino se hará la harina. El burro la llevará al mercado. Y el gato no permitirá que los ratones se la coman.

Pero cuando el molinero murió, su sabio consejo fue olvidado.

El hijo mayor se quedó con el molino.

Dio el burro al hijo segundo y el gato al hijo menor.

El hijo segundo discutió el reparto con el hijo mayor.

Pero el hijo menor estaba tan triste por la muerte de su padre que no pensaba en la injusticia del reparto.

Se puso a hablar con Clarín, su gato.

—Mi hermano mayor se ganará bien la vida con el molino. Mi hermano segundo también se ganará bien la vida con su burro. Pero, ¿qué puedo ganarme contigo, mi buen Clarín?

—Pierde cuidado, amito mío—respondió Clarín. —Valgo más que un molino y un burro porque tengo inteligencia. Consígueme un par de botas y un morral y verás lo que puedo hacer.

El muchacho consiguió las botas y el morral y se los regaló a Clarín.

El gato llevó el morral a un bosque y lo llenó con hojas.

Dejó el morral abierto en un lugar visible y se escondió.

Pronto llegó un conejo y se metió en el morral.

Clarín tiró los cordones del morral, aprisionando al conejo.

Entonces llevó el morral con el conejo al palacio del rey.

—Dile a Su Majestad que un emisario del Marqués de Orofino desea verlo — dijo al mozo que guardaba la puerta.

—¿Orofino?—dijo el rey; —no lo conozco.

Pero el rey era muy amable e hizo pasar al gato.

Clarín regaló el conejo al rey con estas palabras:

—Majestad, mi amo, el Marqués de Orofino, pide que aceptéis este regalo.

—Tu amo es muy gentil; dile que le agradezco el regalo —dijo el rey.

Clarín volvió al bosque y cazó dos perdices.

Fue al palacio y pidió audiencia al rey.

El rey lo recibió con aún más amabilidad que la primera vez.

—Su Majestad— dijo el gato, —mi amo, el Marqués de Orofino, os ruega que aceptéis este regalo.

—Dile a tu amo el Marqués que le doy muchísimas gracias — respondió el rey.

82

Clarín volvió casi diariamente durante dos meses a visitar al rey, siempre llevándole regalos en nombre del Marqués de Orofino.

Su majestad fue tan impresionado que quería conocer a tan fiel súbdito.

✣ Conversación

1. Cuando el molinero murió, ¿qué dejó a sus tres hijos?
   Les dejó su molino, su burro y su gato.
2. ¿Siguieron los hijos el sabio consejo de su padre?
   No lo siguieron.
3. ¿Quién se quedó con el molino?
   El hijo mayor se quedó con él.
4. ¿Quién se quedó con el burro?
   El hijo segundo se quedó con él.
5. ¿Quién recibió al gato?
   El hijo menor recibió nada más que el gato.
6. ¿Qué dijo el hijo menor a Clarín, el gato?
   Le dijo:—¿Qué puedo ganarme contigo?
7. ¿Qué le respondió Clarín?
   Le respondió: —Pierde cuidado, amito mío. Consígueme
   un par de botas y un morral y verás lo que puedo hacer.
8. ¿Los consiguió el muchacho?
   Sí, los consiguió y se los regaló al gato.
9. ¿Qué hizo Clarín con el morral?
   Lo llevó al bosque y lo llenó con hojas.
10. ¿Qué animal se metió en el morral?
    Un conejo se metió en el morral.
11. ¿Adónde llevó Clarín el morral con el conejo?
    Los llevó al palacio del rey.
12. ¿Qué dijo al mozo que guardaba la puerta del palacio?
    Dijo:—Dile a Su Majestad que un emisario del Mar-
    qués de Orofino desea verle.
13. ¿Qué dijo el rey cuando recibió el mensaje?
    Dijo: —¿Orofino? No lo conozco.
14. ¿Por qué hizo pasar al gato?
    El rey hizo pasar al gato porque su majestad era muy
    amable.

83

15. ¿Con qué palabras presentó Clarín el conejo al rey?
Le dijo: —Majestad, mi amo el Marqués de Orofino, pide que aceptéis este regalo.
16. ¿Qué respondió el rey al gato?
Respondió: —Tu amo es muy gentil; dile que le agradezco el regalo.
17. Cuando volvió al bosque, ¿qué cazó Clarín?
Cazó dos perdices.
18. ¿Qué dijo el rey al ser presentado con los dos perdices?
Dijo al gato: —Dile a tu amo el marqués que le doy muchísimas gracias.
19. ¿Cuándo volvió Clarín a llevar regalos al rey?
Volvió casi diariamente durante dos meses.
20. ¿A quién quería conocer el rey?
Quería conocer al Marqués de Orofino por ser tan fiel súbdito.

❈ II ❈

Un día el Gato con Botas—nombre que se había dado a sí mismo—se enteró de que el rey iba a dar un paseo por las orillas del río.

Su hija siempre lo acompañaba en tales paseos.

—Ésta es una oportunidad maravillosa para nosotros— dijo Clarín a su amo. —Haz lo que te diga y todo saldrá bien.

—¿Qué quieres que yo haga, Clarín?

—Ve al río, báñate, y cuando yo grite, haz ver que te ahogas.

El supuesto Marqués de Orofino prometió hacerlo.

Clarín corrió al lugar donde el rey debía pasar.

Cuando oyó sonar los cascabeles del coche regio, gritó:

—¡Socorro! ¡Socorro! ¡El Marqués de Orofino está ahogándose!

El rey reconoció a su amiguito el Gato con Botas y ordenó a sus hombres que salvaran a su gentil amo.

Mientras lo hacían, Clarín se acercó al rey y le dijo:

—Su Majestad, mi amo no podrá presentaros sus respetos porque unos ladrones le robaron su ropa mientras se bañaba.

—Eso no es nada— respondió el rey. —Le traerán inmediatamente ropa de mi guardarropa.

Así se hizo y el Marqués de Orofino parecía muy gallardo cuando dio las gracias al rey.

El rey y la princesa quedaron encantados del joven.

A instancias del rey, el supuesto marqués subió al coche real para pasear con el monarca y la princesa.

Mientras tanto, el Gato con Botas se adelantó al coche y llegó al gran castillo en que vivía el dueño de aquel distrito.

Era el ogro más rico y malo del mundo.

Clarín se presentó ante él y le dijo:

—Siempre he querido el honor de conocerlo a Ud. Me han dicho que Ud. puede transformarse en cualquier animal.

—Es verdad— dijo el ogro.

Inmediatamente se transformó en un león terrible y quiso comerse al Gato con Botas.

Clarín logró escapar en lo alto de una escalera y le dijo:

—¿Puede Ud. convertirse en ratón?

—¿Cómo que no?— respondió el ogro convirtiéndose en ratón.

Clarín se lo comió.

En esto el Gato con Botas oyó sonar los cascabeles del coche regio.

Reunió a la servidumbre del castillo y le dijo:

—Desde hoy vuestro amo es el Marqués de Orofino. El ogro se ha desaparecido.

Pronto llegó el coche del rey y los criados sirvieron el mejor banquete que su majestad había comido.

85

Tan contento y agradecido quedo el rey que nombró príncipe al Marqués de Orofino y le dio su hija por esposa.

No hay que decir que mucha felicidad resultó de las tramas del Gato con Botas.

🌼 *Conversación*

1. ¿Qué nombre se había dado Clarín a sí mismo?
   Se había dado a sí mismo el nombre del Gato con Botas.
2. ¿De qué se enteró Clarín?
   Se enteró de que el rey iba a dar un paseo por las orillas del río con su hija.
3. ¿Qué dijo el Gato con Botas a su amo?
   Le dijo: —Ésta es una oportunidad maravillosa para nosotros. Haz lo que te diga y todo saldrá bien.
4. ¿Qué le respondió el amo?
   Le respondió: —¿Qué quieres que yo haga, Clarín?
5. ¿Qué dijo el gato?
   —Ve al río, báñate, y cuando yo grite, haz ver que te ahogas.
6. Cuando Clarín oyó sonar los cascabeles del coche regio, ¿qué gritó?
   Gritó: —¡Socorro! ¡Socorro! ¡El Marqués de Orofino está ahogándose!
7. ¿Qué ordenó el rey?
   Al reconocer a su amiguito el Gato con Botas, el rey ordenó a sus hombres que salvaran a su gentil amo.
8. ¿Qué dijo Clarín al rey?
   Le dijo que unos ladrones le habían robado su ropa mientras se bañaba el marqués.
9. ¿Qué respondió el rey al gato?
   Le dijo: —Eso no es nada. Le traerán inmediatamente ropa de mi guardarropa.

10. ¿Quiénes se quedaron muy encantados del joven cuando dio las gracias al rey?
El rey y especialmente la princesa quedaron encantados.

11. A instancias del rey, ¿adónde subió el supuesto marqués?
Subió al coche real para pasear con el monarca y la princesa.

12. ¿Adónde llegó el Gato con Botas cuando se adelantó al coche real?
Llegó al gran castillo en que vivía el dueño de aquel distrito.

13. ¿Quién era el dueño del distrito?
Era el ogro más malo y rico del mundo.

14. ¿Qué le dijo Clarín?
Clarín dijo que quería conocerlo porque había oído decir que el ogro tenía el poder de transformarse en cualquier animal.

15. ¿Qué respondió el ogro?
—Es verdad— respondió.

16. ¿En qué se transformó inmediatamente?
Se transformó en un león terrible.

17. ¿Qué hizo el gato cuando el ogro se transformó en ratón?
Se lo comió.

18. Luego, ¿qué dijo Clarín a la servidumbre?
Dijo: —Desde hoy vuestro amo es el Marqués de Orofino. El ogro se ha desaparecido.

19. ¿Le gustó al rey el banquete que los criados le sirvieron?
Sí, era el mejor banquete que el rey había comido.

20. ¿Qué felicidad resultó de las tramas del Gato con Botas?
El rey nombró príncipe al Marqués de Orofino y le dio su hija por esposa.

87

La lechera

Una joven lechera iba caminando con un jarro de leche sobre la cabeza, que llevaba al mercado. Mientras iba andando se puso a pensar:

"Con el dinero que sacaré de esta leche puedo aumentar los huevos qué se están incubando hasta trescientos. De estos huevos saldrán cuando menos doscientas cincuenta gallinas.

"Las gallinas estarán ya a punto de ser llevadas al mercado,.precisamente, en el tiempo en que más caras se pueden vender. De modo que por año nuevo estoy segura de que poseeré ya el dinero suficiente para comprarme un vestido.

"Con este vestido iré a la feria, donde todos los mozos querrán casarse conmigo; pero yo, moviendo de un lado a otro mi cabeza, a todos les diré que no."

Tan abstraída iba la pobre lechera en sus pensamientos, que, sin darse cuenta de ello, movió al decir esto último la cabeza con tan mala fortuna, que se vino al suelo el jarro de leche, y en un momento perdió lo que la iba a hacer tan feliz.

Esto significa que no hay que contar con las gallinas antes de que salgan del huevo los pollitos.

✿ Conversación

1. ¿Adónde iba caminando la joven?
   Iba caminando al mercado.
2. ¿Qué llevaba sobre la cabeza?
   Llevaba un jarro de leche sobre la cabeza.
3. ¿Qué pensaba aumentar con el dinero que sacaría de la leche?
   Pensaba aumentar los huevos que se estaban incubando.
4. ¿Cuántas gallinas esperaba tener?
   Esperaba tener cuando menos doscientas cincuenta gallinas.
5. ¿Cuándo estarían las gallinas a punto de ser llevadas al mercado?
   Estarían a punto se ser llevadas al mercado en el tiempo en que más caras se podían vender.
6. ¿Cuánto dinero tendría la lechera por año nuevo?
   Tendría el dinero suficiente para comprarse un vestido.
7. ¿Adónde iría con este vestido?
   Ella iría a la feria.

8. ¿Qué desearían hacer todos los mozos?
   Todos desearían casarse con ella.
9. ¿Qué diría la lechera a todos los mozos?
   Moviendo de un lado a otro su cabeza, la lechera les
   diría a todos que no.
10. ¿ Iba abstraída la muchacha?
    Sí, ella iba muy abstraída.
11. ¿Cuándo movió la cabeza?
    Movió la cabeza al decir la última frase.
12. Cuando ella movió la cabeza de un lado a otro, ¿qué se
    vino al suelo?
    El jarro de leche se vino al suelo.
13. ¿Se quebró el jarro?
    Sí, el jarro se quebró en mil pedazos.
14. ¿Continuó al mercado la lechera?
    No continuó al mercado.
15. ¿Por qué se puso triste?
    Se puso triste porque ya no tendría el dinero con que
    comprarse un vestido nuevo.
16. Desearían los mozos casarse con ella si estaba vestida en
    un vestido viejo?
    No, los mozos quieren casarse con las muchachas que se
    vistan en vestidos nuevos.

Translations

Little Red Riding Hood

I

A little girl lived with her mother in a small house near a large forest.

The girl had neither father nor grandparents.

Her mother was a widow.

She had a grandmother who was a widow also.

Her grandmother lived in a little house on the other side of the forest.

As the girl had the habit of wearing a red hood, everybody called her *Little Red Riding Hood.*

One day her mother said to her:

"Little daughter, your grandma is ill. Will you take her a basket of sweets?"

"Yes, of course, Mother dear," replied Little Red Riding Hood, who was a lovable and sweet girl.

"Good, here is the basket full of sweets," said the mother. "As you know, to reach the house of your dear grandmother, you have to go through the forest. There are wolves in the forest. Don't delay, and if a wolf approaches you, call one of the many woodcutters who work in the forest."

"Don't worry, Mother dear. I shall arrive safe and sound at Granny's house."

Then the girl put the basket of sweets over her arm and within a short time had entered the forest.

Not heeding the wise advice of her mother not to fool around in the woods, Little Red Riding Hood went along picking flowers and putting them in the basket.

Suddenly there appeared before her a large, ferocious, and hungry wolf. The favorite food of this wolf was the flesh of young girls, but inasmuch as he was afraid of the woodcutters who were working nearby, he resolved to get his favorite food by deceit. So he said in a soft voice:

"Good morning, Little Red Riding Hood. Where are you going with that basket full of sweets and flowers?"

Although the girl, as we have seen, was amiable and sweet, she had the great defect of being somewhat disobedient and stupid.

She had already disobeyed her mother by loitering in the forest to gather flowers.

And now she showed her stupidity by replying to the wolf instead of calling the woodcutters. She said:

"A very good morning to you, Mr. Wolf. I am taking this basket of sweets and flowers to my poor, sick, little grandma."

"What a pity that your granny is ill!" exclaimed the wolf. "Where does she live?"

(It must be realized that though the favorite meat of this wolf was that of a young girl, he was very hungry and was disposed to eat even the less tender meat of a grandmother.)

But because Little Red Riding Hood was both young and stupid, she suspected nothing and replied:

"She lives in the first little white house on the other side of the forest."

96

"Good," said the wolf. "I should like to meet your grandmother. Let's see who arrives at her house first."

After saying this, the wolf began to run rapidly toward the home of the unfortunate grandmother.

Little Red Riding Hood, on the other hand, continued her slow gait, gathering more flowers.

It goes without saying that the wolf soon reached the grandmother's house.

He knocked at the door with a paw, *knock, knock!*

"Who is knocking?" called out the grandmother from her bedroom.

"It is I, Little Red Riding Hood," replied the wolf in a soft tone. "I bring you a basket of sweets and flowers."

"Enter, the door isn't locked," said the grandmother.

The wolf opened the door, ran to the bedroom, pounced upon the old woman, and swallowed her, but without chewing her.

Then he lay down in the grandmother's bed, awaiting the arrival of Little Red Riding Hood; for, as we have seen, the wolf was very, very hungry.

Conversation

1. Where and with whom did the little girl live?
   She lived with her dear mother in a little house near a forest.
2. What widows were there in her family?
   Her mother and her grandmother were widows.
3. Where did her grandmother live?
   She lived in a white house on the other side of the forest.
4. Why was the girl called *Little Red Riding Hood?*
   She was called *Little Red Riding Hood* because she had the habit of wearing a red hood.
5. What did her mother ask her one day?
   She asked her if she wanted to take a basket of sweets to her ill grandmother.
6. What did the little girl reply to her mother?
   She told her that she would take the basket of sweets with much pleasure.
7. What did she have to go through to reach her grandmother's home?
   She had to go through a big forest.
8. What animals lived in the forest?
   Wolves lived there.
9. What wise advice did the mother give her daughter?
   Her mother told her not to linger in the forest and to call a woodcutter if a wolf approached her.

97

10. How did Little Red Riding Hood ignore her mother's advice?
    She went along picking flowers and putting them in the basket.
11. What animal came up to the girl?
    A wolf came up to her.
12. Why didn't he eat her in the forest?
    The wolf was afraid of the woodcutters.
13. How did the wolf greet the girl?
    He said to her: "Good morning, Little Red Riding Hood. Where are you going with that basket full of sweets and flowers?"
14. Why did Little Red Riding Hood talk with the wolf?
    She talked with him because she was disobedient and stupid.
15. Whom did the wolf want to eat?
    He was so hungry that he wanted to eat the girl and her grandmother.
16. Who arrived first at the grandmother's house?
    The wolf arrived first.
17. How did he knock at the door?
    He knocked with a paw, *knock, knock!*
18. What did the wolf reply when the grandmother asked him who was knocking?
    He replied that he was Little Red Riding Hood and that he was bringing her a basket of sweets and flowers.
19. What did the wolf do to the grandmother?
    He swallowed her whole without chewing her.
20. Why did he await the arrival of Little Red Riding Hood?
    The wolf was very hungry.

II

Shortly afterwards the little girl arrived at her grandmother's home. She knocked at the door with her little right hand, *knock, knock!*

Imitating the grandmother's voice, the wolf said:
"Who is knocking?"

The girl replied in the same words that the wolf had used:

"I am your granddaughter, Little Red Riding Hood. I am bringing you a basket of sweets and flowers."

"Enter," said the wolf. "The door isn't locked."

The girl entered the bedroom and put the basket on a table.

As there was very little light in the bedroom, Little Red Riding Hood did not recognize the wolf. She believed it was her granny. It must also be remembered that the girl was not very bright.

Going near the bed, she said:

"Granny, what large ears you have!"

"The better to hear you," replied the wolf.

"And what large eyes you have!"

"The better to see you."

"What long arms you have!"

"The better to hug you."

"What sharp teeth you have!"

"The better to eat you up!"

On saying these words the wolf jumped out of bed, threw himself on Little Red Riding Hood, and swallowed her, but as in the case of the grandmother, without chewing her.

The wolf was now no longer hungry, but he was very sleepy. He returned to bed and soon began to snore.

He snored with such force that the walls of the house vibrated. And a woodcutter, passing in front of the house, heard the terrific noise and entered to see the cause.

On seeing the wolf lying on the bed and with his carcass greatly swollen, the woodcutter got a large knife from the kitchen and with a single slice opened the animal's stomach.

The grandmother and the granddaughter, who were beginning to be asphixiated, came out of the wolf's stomach and said:

"Many thanks, Mr. Woodcutter."

It goes without saying that from that time on, Little Red Riding Hood had no further dealings with any wolf.

* * * * *

99

Many versions of the story of *Little Red Riding Hood* claim that the woodcutter killed the wolf before the latter could swallow the grandmother and the granddaughter. They do so in order not to frighten the small fry who listen to the story. But this is the true account of the tale of *Little Red Riding Hood*.

Conversation

1. How did Little Red Riding Hood knock at the door of her grandmother's house?
   She knocked with her little right hand, *knock, knock!*
2. Whom did the wolf imitate on asking the girl who was knocking?
   He imitated the grandmother's voice.
3. What did the little girl answer?
   She answered that she was Little Red Riding Hood and that she was bringing a basket of sweets and flowers to her grandmother.
4. Was the door locked?
   The door was not locked.
5. Why did Little Red Riding Hood believe that the wolf was her grandmother?
   There was not much light in the bedroom. Moreover, the girl was not very bright.
6. According to the wolf, why did he have such large ears?
   He had them the better to hear Little Red Riding Hood.
7. Why did he have such large eyes?
   They were so large so that he could see the child better.
8. Why were his arms so long?
   They were long so that he could hug her better.
9. Why did he have such sharp teeth?
   They were sharp so that he could eat the little girl better.
10. Did the wolf chew Little Red Riding Hood?
    No, he swallowed her without chewing her.

11. What did the wolf do after swallowing the girl?
   He lay down, went to sleep, and snored.
12. Who heard the noise?
   A woodcutter heard it.
13. What did the woodcutter take from the kitchen?
   He took a large knife.
14. What did he cut with the knife?
   He slit the wolf's stomach.
15. Who came out of the stomach?
   The grandmother and her granddaughter came out of it.
16. What did they say to the woodcutter?
   They said to him, "Many thanks!"
17. What lesson did this experience teach Little Red Riding Hood?
   The lesson it taught her was not to deal with wolves.
18. What do many versions of this story say?
   They say that the wolf swallowed neither the grandmother nor the girl.
19. Why do they say it?
   They say it in order not to frighten small children.
20. Is the present story the true account?
   Of course.

Cínderella

I

Once upon a time there was a gentleman who had a little daughter named Alba (Dawn). Although this gentleman was noble and rich, he was sad because his wife had died and the girl needed the care and love of a mother.

In order to obtain a mother for little Alba the father resolved to marry again. He said to himself:

"I know a widow named Belandra who can be a good mother to Albita; she has two daughters who can be like older sisters to my little girl."

The gentleman and Albita went to visit the widow and her daughters, named Belisa and Benita.

The widow, having been forewarned of the visit, had made many preparations, and Alba was the object of a thousand manifestations of affection.

"What a beautiful, sweet, and intelligent little girl!" exclaimed Widow Belandra. "My daughters will be older sisters to her. They will teach her to play the piano, dance, and cook."

And her daughters nodded their heads.

The gentleman was very contented because the three females treated his beloved Albita so affectionately. Shortly thereafter he married the widow and she and her daughters went to live in the beautiful home of Albita and her father.

All were very happy for some months until the father had to take a long trip from which he never returned.

With the absence of her father, things began to change for Albita. Belandra and her daughters, Belisa and Benita, began to treat her like a servant.

Conversation

1. What was the name of the gentleman's daughter?
   Her name was Alba (Dawn).
2. Why was the gentleman sad?
   He was sad because his wife had died and Alba did not have a mother.
3. What did he resolve to do to get a mother for the girl?
   He resolved to marry again.
4. Did he want to marry to have a new wife?
   No, no! Only to have a mother for Albita.
5. What was the name of the widow whom he wanted to marry?
   Her name was Belandra.
6. What were the names of the widow's two daughters?
   Their names were Belisa and Benita.
7. Were they younger or older than Alba?
   They were older.
8. Whom did the father and daughter go to visit?
   They went to visit Belandra and her two daughters.
9. Who had made many preparations for the visit?
   The widow, of course.
10. What did Belandra exclaim on seeing Albita?
    She exclaimed: "What a beautiful, sweet, and intelligent little girl!"
11. Was this her true feeling?
    By no means.
12. Why, then, did she express herself in that way?
    She had the intention of enslaving this rich and noble man.
13. According to what the widow said, what would her daughters teach Albita?
    They would teach her to play the piano, dance, and cook.
14. What did Belandra's two daughters do when she said this?
    They nodded their heads.

15. Why was the gentleman contented?
    He was contented because the three treated his little daughter affectionately.
16. Where did they live after the wedding?
    They lived in the home of Albita and her father.
17. How long were they all happy?
    They were happy until the father took a trip from which he never returned.

II

Albita had to get up at dawn and work until late at night. She had to scrub the floor, light the fires, wash the dishes, feed the animals, and wait upon Belandra and her two daughters.

Very late at night, after cleaning the kitchen, Albita was so tired that she was in the habit of lying down to rest on the ashes next to the fireplace. That was the reason why everybody began calling her *Cinderella*.

One day it was announced that Crystalline, the crown prince, would be presented to the court. An invitation to the great celebration came from the king to Albita's home.

Belandra and her daughters went wild with joy. Within half an hour there were enroute to the house the hatmaker, the dressmaker, the shoemaker, and the hairdresser, since the stepmother and her daughters wanted to look their best at the celebration.

104

The three did not tell Albita that the invitation was rightfully hers because her father had been a nobleman and a friend of the king's.

Came the night of the great festival, and Belandra and her daughters left for the palace after making fun of poor Cinderella.

The girl remained alone at home and began to weep bitterly. Finally she exclaimed:

"Oh, my fairy godmother! Why are you not with me?"

"Here I am," replied a beautiful woman who appeared by magic. She was the fairy godmother. She was dressed in a tunic and carried a small wand in her hand. "You have always been good; I am disposed to help you," she said. "You want to go to the festival, don't you?"

"Yes, yes!" replied Cinderella. "But I don't have shoes, or a dress, or anything."

The Fairy touched her with her little wand and the rags were converted into a very beautiful dress and her torn shoes became glass slippers. Then the Fairy made a splendid carriage out of a pumpkin, converted four mice into horses, a rat into a coachman, and two lobsters into lackeys.

Conversation

1. When did Albita have to get up?
   She had to get up at dawn.
2. How late did she have to work?
   She had to work until late at night.
3. What did she have to wash?
   She had to wash the dishes.
4. What did she have to do for the animals?
   She had to feed them.
5. Whom did she serve?
   She served Belandra and her two daughters.
6. Why was she called *Cinderella?*
   She was called *Cinderella* because she had the habit of resting late at night on ashes near the fireplace.
7. Who was going to be presented at court?
   Crystalline, the crown prince, was going to be presented at court.
8. When the invitation arrived at Albita's home, who went wild with joy?
   Belandra and her daughters went wild with joy.
9. Who were arriving at the house within the half hour?
   The hatmaker, the dressmaker, the shoemaker, and the hairdresser.

10. When did Belandra and her daughters leave for the palace?
    They left on the evening of the great festival.
11. Why did Albita begin to weep bitterly?
    She wept because she was not going to the king's palace.
12. Whom did the girl call?
    She called her fairy godmother.
13. How was the fairy dressed when she appeared before Albita?
    She was dressed in a tunic and had a small wand in her hand.
14. What happened when the fairy touched the girl with her small wand?
    Her tattered clothing was converted into a beautiful dress, and her broken shoes were converted into glass slippers.
15. What did the fairy make into a carriage?
    She converted a pumpkin into a carriage.
16. Into what were the four mice converted?
    They were converted into horses.
17. Into what kind of a servant was the rat made?
    It was made into a coachman.

III

"Go to the palace and have a good time!" exclaimed the Fairy. "But at exactly twelve o'clock the enchantment will be broken and you will be as you were before."

"I shall do so, dear Fairy," promised Cinderella.

And immediately the young lady got into the carriage and went to the palace where Prince Crystalline was to be presented to the court and where the most luxurious of festivals was to be held.

When Cinderella entered the palace everybody was astonished at her beauty. Crystalline invited her to dance the first dance with him and, afterwards, all the other dances. She and the prince led the grand march to the banquet hall and together enjoyed the exquisite dinner.

Cinderella, by virtue of her grace and beauty, was the queen of the celebration. She was so happy that time flew without her realizing it, until, on turning her head, she saw that the clock was about to strike twelve.

Cinderella fled and the prince ran after her. As she was running downstairs one of her glass slippers fell off, but she did not stop to pick it up. She ran as fast as a bolt of lightning and the prince lost sight of her, but he kept the glass slipper.

When she arrived outside the palace the palace clock began to strike twelve, and Cinderella once again wore her old, patched clothing, with the exception of the glass slipper, which she resolved to keep as a souvenir.

After the stepmother and her two daughters reached home they told Cinderella many stories about the attentions they had received from the prince. The girl smiled without saying a word.

Conversation

1. According to what the fairy told Cinderella, at what time would the enchantment be broken?
   It would be broken at midnight.
2. What did Cinderella promise to do?
   She promised to leave the palace before midnight.
3. How did the young lady go to the king's palace?
   She went in a carriage.
4. Who was going to be presented to court?
   The crown prince was going to be presented.
5. At what were all astonished when the girl entered the palace?
   All were astonished at the girl's beauty.

6. With whom did Prince Crystalline dance all the dances?
   He danced them with Cinderella.
7. Who led the grand march to the banquet hall?
   Crystalline and Cinderella led it.
8. Who was the queen of the festival?
   Cinderella, of course.
9. When the young lady saw that the clock was about to strike twelve, what did she do?
   She fled, with the prince after her.
10. What did she lose on going downstairs?
    She lost one of her glass slippers.
11. Did she stop to pick it up?
    No, but Prince Crystalline retrieved it.
12. Where was Cinderella when the palace clock began to strike twelve?
    She was outside the palace.
13. To what condition did her clothing revert?
    It became old and patched again, with the exception of the glass slipper.
14. What did Cinderella determine to keep as a souvenir?
    She resolved to keep the glass slipper.
15. What did the stepmother and her two daughters tell Cinderella?
    They told her many stories about the attentions they had received from Crystalline.
16. Why did Cinderella smile?
    She smiled because she knew that the stepmother and her daughters were not telling the truth.

IV

Prince Crystalline was so sad over not being able to find the beautiful young lady that he became ill. The monarchs, his parents, had copies made of the lost glass slipper. Then they sent several noblemen to all the homes in the kingdom to see what woman the copy would fit, in order that the prince might marry her.

All the young females of the realm, knowing that the slipper was very small, began to massage their feet.

Finally a nobleman sent by the king with a copy of the slipper arrived at Cinderella's home. The stepmother and her two daughters tried unsuccessfully to put on the slipper.

The nobleman found Cinderella in the kitchen and she put her foot into the shoe easily and showed the gentleman the other glass one that she had hidden.

Afterwards it was all like a dream. The monarchs wept from joy and the prince recovered and felt very happy.

The king announced the forthcoming marriage of his son, Prince Crystalline, with Princess Alba.

A thousand celebrations were held in the palace and throughout the kingdom.

Soon came the day of the wedding. Cinderella, finding herself alone some moments before the ceremony, was thinking of her good Fairy and murmured the desire to see her again. The Fairy appeared at her side immediately. The girl kissed her and thanked her for all that she, the Fairy, had done for her.

Then the Fairy hid outside the palace to see Cinderella leave with the prince. She saw them come out and enter the royal carriage and disappear from view.

Then the Fairy left to continue serving other good little girls.

109

Conversation

1. Why did the prince become so sad and ill?
   Because he couldn't find the beautiful girl.
2. What did the monarchs have manufactured?
   They had copies of the lost glass slipper made.
3. What did noblemen carry to all the houses in the kingdom?

They carried copies of the glass slipper.
4. Why did all the girls in the realm massage their feet?
They knew that the slipper was very small.
5. Were the stepmother and her daughters able to put on a copy of the slipper?
No, because the three females had very large feet.
6. Who put on the slipper easily?
Cinderella did so.
7. What did she show the noble gentleman?
She showed him the other glass slipper that she had hidden.
8. Why did the king and queen weep?
They wept from joy because the beautiful girl had been found.
9. Did Prince Crystalline recover?
Naturally.
10. What did the king announce?
He announced the forthcoming wedding of the prince to Alba.
11. Where were a thousand celebrations held?
They were held in the palace and throughout the kingdom.
12. What desire did Cinderella utter moments before the wedding?
She murmured the desire to see her good Fairy again.
13. When did the fairy appear at the side of the youth?
She appeared immediately.
14. Why did the girl kiss her and thank her?
Because the fairy had enabled her to ensnare a prince.
15. Why did the Fairy hide outside the palace?
She did it to see Cinderella leave with Crystalline.
16. What did the Fairy see?
She saw ex-Cinderella leave the palace, enter the royal carriage, and disappear from view.

The Pied Piper of Hamelin

I

Once upon a time there was a city named Hamelin.

This city was situated on the bank of a river and near a large mountain.

Its inhabitants were rich and prosperous.

In the town there were very many children.

The children were happy and greatly loved by their parents.

For an unknown reason, the city became afflicted by innumerable mice.

Thousands of rats and mice and little mice occupied the place.

They entered the orchards, climbed the fruit trees, and ate all the fruit.

They descended to the gardens and ate all the vegetables and greens.

They entered the grocery stores and ate almost all the food.

The malicious animals even drank the milk in the bottles and cans.

Soon all the inhabitants of Hamelin began to suffer from hunger.

Fat people became thin and thin ones began to resemble living skeletons.

They imported cats, numerous cats, to exterminate the mice.

But for each cat there were a thousand mice.

And so the mice ran off all the cats.

Meanwhile, the inhabitants were suffering more from hunger each day.

The mayor of the city had the carpenters and other mechanics build traps with which to catch the accursed mice.

Thousands and thousands of traps were constructed.

Fragrant and tasty cheese was put in the traps.

Nevertheless, the mice were so cunning that they succeeded in eating the cheese without being caught in the traps.

By now the inhabitants of Hamelin were suffering so much that it seemed that all were going to die.

Amidst this affliction there arrived in Hamelin a piper.

This piper played his flute so wonderfully that he had the ability to enchant both human beings and animals.

The piper appeared before the mayor and the members of the city council.

He offered them to free the city completely of mice.

"How much will it cost us?" they asked him.

"A thousand dollars, gentlemen."

"And you guarantee that not a single mouse will remain in the city?"

"'Yes, gentlemen, I guarantee it."

"And you guarantee also that there will never be more mice here?"

112   "I guarantee that also."

With these guarantees the mayor and the city council signed a contract with the piper.

According to the contract, they were going to pay the piper the thousand dollars after he exterminated the mice.

Conversation

1. What was the name of the city?
Its name was Hamelin.

2. Where was the city situated?
It was situated on the bank of a river and near a mountain.
3. Describe the inhabitants of Hamelin.
They were rich and prosperous.
4. Why were the numerous children in the city happy?
They were happy because they were greatly loved by their parents.
5. With what did the city become afflicted?
It became afflicted by innumerable mice.
6. What did the mice eat in the orchards?
They ate the fruit.
7. What did they eat in the grocery stores?
There they ate the foods.
8. What was the favorite drink of the mice?
Their favorite drink was milk.
9. From what did the inhabitants of Hamelin begin to suffer?
They began to suffer from hunger.
10. What did they import to exterminate the mice?
They imported a large number of cats.
11. Did the cats exterminate the mice?
No, the mice ran off all the cats.
12. What then did the mayor have built?
The mayor ordered the construction of traps to catch the mice.
13. Who made the traps?
The carpenters and other mechanics made them.
14. How did the mice show that they were very cunning?
They ate the cheese without being caught in the traps.
15. Who arrived in Hamelin amidst this affliction?
A piper arrived there.
16. What ability did the piper have?
He had the ability to charm both human beings and animals with his flute.
17. What did he offer the mayor and the members of the city council?
He offered to free the city from mice.

18. What price did he ask to guarantee that?
He asked a thousand dollars.
19. Was the piper's offer accepted?
Yes, the offer was accepted.
20. Who signed the contract?
The piper, the mayor, and the city council signed the contract.

II

The piper went immediately through the streets of Hamelin, playing his magic flute.

It so happened that in addition to being cunning, the Hamelin mice were very fond of good music.

On hearing their favorite dances and songs, the mice gathered around the flutist.

They came out of the grocery stores, out of the kitchens, the orchards, and the gardens.

All of the thousands of mice congregated around the piper to enjoy the music.

Then the flutist set out for the river.

Of course, the mice, being so fond of good music, followed him.

And when the piper waded into the river with the water up to his knees, the mice also entered the river.

The little animals, not being able to swim, all drowned.

It happened that their fondness for good music was the cause of their liquidation.

Having exterminated all the Hamelin mice, the flutist went to the mayor and the city council to collect his reward.

"Gentlemen," said the musician, "I have fulfilled my part of our contract; I have killed all the mice in Hamelin."

"Is there a possibility that other mice may come to our city?" they asked him.

"It is not possible," replied the piper; "I have come for my thousand dollars."

Instead of paying the musician, the mayor and the city council had a private conference.

In the conference they determined not to pay him.

They told him what they had decided.

"Well, then," replied the flutist, "you will receive a well-merited punishment."

Then the piper strolled once more through the streets of Hamelin, playing his wonderful music.

This time there were no mice to follow him because all had already drowned in the river.

But all the boys and girls in the city were charmed by the music.

They followed the flutist.

He led them to the mountain nearby.

When they arrived at the mountain, a large door opened to them, through which all entered.

All with one exception. There was a crippled boy who had to follow the procession at a distance.

When the boy reached the mountain that door had already closed.

The door had been covered with rocks and vegetation and could not be found.

The crippled lad returned sadly to the city.

When the parents learned what had happened, they went to the mountain and looked for the door.

But all was in vain; they never found it.

What with the perfidy of the mayor and the members of the city council, the parents had saved a thousand dollars.

But they had lost their most prized possessions—their children.

115

Conversation

1. Where did the piper go playing his flute?
   He went through the streets of Hamelin.
2. Of what were the Hamelin mice very fond?
   They were very fond of good music.
3. To whom did the mice flock?
   They flocked to the flutist.
4. From where did the mice come?
   They came from the grocery stores, from the kitchens, the orchards, and the gardens.

5. Where did the piper go?
He went to the river.
6. Why did the mice follow him?
They followed him because they were wild over the music that the flutist played.
7. What did the mice do when the piper entered the river?
They entered it also.
8. Why did the mice drown?
They drowned because they couldn't swim.
9. To whom did the piper go to get his reward?
He went to the mayor and the city council.
10. What did he say to them?
He told them that he had fulfilled his part of the contract by killing all the mice in Hamelin.
11. What did they ask him?
They asked him if it were possible for more mice to come to Hamelin.
12. Who had a private conference?
The mayor and the city council had it.
13. What did they determine in the conference?
They determined not to pay the flutist.
14. When they told the flutist that, what did he reply?
He replied that they would receive a well-deserved punishment.
15. Where did the piper stroll again?
He strolled again through the streets of Hamelin.
16. Who followed him this time?
All the children in the city followed him.
17. Where did the piper lead them?
He led them to the mountain nearby.
18. How did they enter the mountain?
They entered through a door that was opened to them.
19. Why couldn't the parents of the children find the door?
The door was covered with rocks and vegetation.
20. Why were the parents sad?
They were sad because they had lost their beloved children forever.

The Rooster and the Fox

I

A rooster, followed by his hens, was strolling through the barnyard when he saw a fox in a corner. The rooster was very young and had never seen a fox.

His first intention was to jump up on the roost to be safe. But the fox immediately proclaimed his friendship and assured him that he would not harm him.

"I happened to be passing through this neighborhood," said the cunning fox, "when I heard your sweet voice."

The rooster liked these flattering words and waited in the barnyard for his improvised friend to continue.

"I still remember your father," the fox said. "Ah, what a great crower your father was! He would rise on his tiptoes and extend his wings when he crowed, and on uttering his highest note he would close his eyes. Ah, there are no longer crowers like him."

The rooster did not like these words and he determined to show that he could sing as well as his father. He got up on his tiptoes, beat his wings furiously, stretched his neck, and began his crowing. On uttering the highest note, he closed his eyes after the manner of his father.

This was the moment for which the fox had waited. He seized the poor crower by the nape of the neck, put him over his back, and began to run toward the forest.

When the hens saw such a sad spectacle they gave a great cackling of alarm. The widow to whom the chickens belonged rushed out instantly with her two daughters, and all together began to run in pursuit of the rascally fox.

117

Conversation

1. By whom was the rooster followed?
He was followed by his hens.
2. While strolling through the barnyard, what did the rooster see?
The rooster saw a fox in a corner of the barnyard.
3. Why had the rooster never seen a fox before?
It was because the rooster was very young.
4. What was the rooster's first intention when he saw the fox?
His first intention was to jump up on the roost.
5. What protestations did the fox make?
He made great protestations of friendship.
6. What did the fox assure the rooster?
He assured him that he would not harm him.
7. According to what the fox said, what was he doing when he heard the rooster's sweet voice?
The fox said that he just happened to be passing through this neighborhood.
8. Did the rooster like these flattering words?
Yes, he liked them very much.
9. Why didn't the rooster jump up on the roost?
He waited in the barnyard for his improvised friend to continue.
10. According to the fox, was the father of this rooster a good crower?
Yes, he was a very good crower.
11. What would the father do when he crowed?
He would rise up on his tiptoes, extend his wings, and on uttering his highest note, he would close his eyes. He was the best of the crowers.
12. What did the rooster determine to prove?
He determined to prove that he could crow as well as his father.
13. When did he begin his crowing?
He began his crowing after rising on his tiptoes, beating his wings furiously, and stretching his neck out.

14. What did he do on uttering the highest note?
    He closed his eyes after the manner of his father.
15. When the rooster closed his eyes, what did the fox do?
    He caught the rooster by the nape of the neck, threw him over his back, and began to run toward the forest.
16. What did the hens do when they saw such a sad spectacle?
    They gave a great cackling of alarm.
17. To whom did the hens and the rooster belong?
    They belonged to a widow.
18. Who set out running in pursuit of the fox?
    The widow and her two daughters began running in pursuit of the rascally fox.

II

The animal had to run fast in order not to be caught, but finally he reached the forest. And in the forest he would have been completely safe if the rooster had not spoken.

"If I were you," the rooster said to the fox, "I should stop right here. I should eat my prey immediately and then let the widow and her daughters look for it."

The fox had the weakness of being talkative, and replied:

"That's true; I shall do just that."

In the moment in which he opened his mouth to say these words he felt the rooster's neck slipping out, and in a twinkle the fowl had flown into a tree.

"Oh!" exclaimed the fox. "I have done wrong in giving you this fright. I beg you to forgive me, friend rooster. Come down and I shall tell you the idea I had."

"Ah, no!" said the rooster. "You will never again hear me crow in the presence of a fox with my eyes closed. You have taught me a good lesson and I want to prove to you that I have learned it very well."

"I say the same," replied the fox, ashamed of himself. "I well deserve what has just happened to me, for having talked when I should have kept quiet."

Conversation

1. Where did the animal finally arrive?
   He arrived at the forest.
2. When the fox and the rooster arrived at the forest, which spoke?
   The rooster spoke first.
3. What did the rooster say?
   The rooster said that the fox should stop and eat his prey.
4. What weakness did the fox have?
   He had the weakness of being talkative.
5. What did the fox reply to the rooster?
   He said: "It is true; I shall do so."
6. What did the rooster do when the fox opened his mouth to talk?
   The rooster escaped and flew up into a tree.
7. Did the fox confess that he had the intention of eating the rooster?
   No. The fox said that he was a great friend of the rooster.
8. What did the rooster reply to him?
   The rooster told him that he had received a good lesson: that the fox would never again hear him crow with his eyes closed.

The Seven Kids

I

Once upon a time there was a nanny goat who had seven kids.

All were very amiable and their mother loved them dearly.

They lived in a little house near a forest.

One day the mother, wishing to go to the forest to graze, called her children and said to them:

"I am going to the forest to graze and I don't want you to open the door to anyone during my absence. Above all, beware the wolf, because if he gets in he will eat all of you up."

"How can we recognize him?" asked the kids.

"By his harsh voice and his black feet."

The kids assured their mamma that they would be wary of the wolf.

She left and they locked the door.

After a short while the kids heard a voice at the door saying:

"Open children; I am your mamma."

The kids noticed that the voice was harsh and was not that of their mother.

"You are not our mother! She has a sweet voice. Yours is harsh. You are the wolf!"

The wolf left, resolving to sweeten his voice.

From a farmer he obtained a basketful of eggs and swallowed them.

The eggs sweetened his voice and the wolf ran to the goat's home.

He was disposed to eat up the seven innocent kids.

He knocked at the door, saying:

"Open children, because I am your mamma and I bring you things you will like."

"It's Mamma, it's Mamma; let's open at once!" shouted six of the kids.

But the smallest one saw a black foot of the wolf through a crack (in the door) and exclaimed:

"Don't open; the foot that I see through the opening is black!"

The other kids, seeing that their little brother was right, refused to open the door.

"What should I do?" the wolf asked himself. "Ah! Now I know," he said, answering his own question.

He ran to a bakery, where he obtained dough which he put on his feet and legs.

Then he went to a flour mill, where he got flour with which he covered the dough.

Now his feet and legs were as white as snow.

He returned to the kids' home.

When the latter heard the sweet voice and saw the white feet and legs of the wolf, they opened the door.

Conversation

1. How many kids did the nanny goat have?
   The nanny goat had seven kids.
2. Is it true that the goat loved her kids dearly?
   Yes, the kids were very sweet and their mother loved them a great deal.
3. Where did they live?
   They lived in a little house near a forest.
4. Where did the goat go to graze?
   She went to the forest.
5. Whom did she call?
   She called her seven kids.

6. What did she say to her children?
She told them not to open the door to anyone during her
absence and, above all, to beware of the wolf.
7. What did the kids ask?
They asked, "How can we recognize the wolf?"
8. What did their mother reply?
She replied: "You can recognize him by his deep voice
and his black paws."
9. What did the kids assure their mother?
They assured her that they would be wary of the wolf.
10. How did the kids close the door?
They locked it.
11. When the wolf arrived at the door, what did he say?
He said: "Open, children; I am your mother."
12. What did the kids notice?
The kids noticed that the voice was deep and was not
their mother's.
13. Why did the wolf resolve to sweeten his voice?
He resolved to sweeten his voice because the kids' mother had a sweet voice.
14. From whom did he obtain eggs with which to sweeten
his voice?
He got the eggs from a farmer.
15. Is it true that the eggs sweetened his voice?
Yes, the eggs sweetened it.
16. When the wolf went the second time to the goat's house,
which of the kids saw the black paw?
The smallest kid saw it.
17. Why did the kids refuse to open the door?
They refused to open the door because their mother did
not have black paws.
18. What did the wolf get from a bakery?
He got dough.
19. What did he get from a mill?
He obtained flour.

123

20. Why did the kids open the door to the wolf when he knocked the third time?
They opened the door because the wolf had a sweet voice and white paws and the kids believed that he was their mother.

II

The wolf entered and ate up six of the kids.
The smallest kid escaped by hiding in the case of the clock.
The wolf searched a while for the little one, but inasmuch as he had already satisfied his hunger, he left.
A short while later the nanny goat returned from the forest and entered her home.
"Woe is me!" she cried; "the wolf has eaten up all my children!"
But at that moment she heard a weak "ba . . . ba . . . ba!"
The goat began to search everywhere in the house.
"Mammy, I am in the clock case!" cried a voice.
The goat got her little son out of the clock.
The kid told her how the wolf had deceived them by changing his voice and showing them white feet.
The poor mother and her kid, weeping, left their house.
On arriving at a meadow they heard a terrible noise.
They approached the noise and saw that the wolf was sleeping and snoring in the shade of a tree.
The goat examined the wolf and saw that something was moving in his stomach.
"Can it be possible," she thought, "that my little children are still alive?"
Then she said to the youngest kid:
"Go home and bring me scissors, a needle, and thread. Run!"
The kid obeyed his mother and returned rapidly with everything.
The nanny goat opened the wolf's stomach with the scissors.
The six kids came out.

None of them had suffered the slightest injury because the wolf had swallowed them without chewing them.

Of course all were very happy.

But their mother said to them:

"Bring me stones to fill the stomach of the accursed wolf while he is sleeping."

The kids brought the stones quickly and the goat put them in the animal's stomach.

Then she sewed the wolf's hide without awakening him.

When the wolf awoke he was thirsty and went to a well.

He bent over to drink and so great was the weight of the stones that the animal fell in the well.

There he drowned.

The kids spent the rest of their lives happily and without fear.

Conversation

1. How many kids did the wolf eat?
   The wolf ate six of the kids.
2. Where did the smallest kid hide?
   He hid in the clock cabinet.
3. When did the wolf leave?
   He left after eating the six kids because he couldn't find the seventh one; moreover, he was no longer hungry.
4. What did the goat exclaim when she returned home?
   She exclaimed: "Poor me; the wolf has eaten all my children!"
5. What did the youngest kid shout to his mamma?
   He shouted: "Mother dear, I am in the clock cabinet!"
6. What did the smallest kid relate to his mamma when she took him out of the clock cabinet?
   The kid told her how the wolf had deceived them by changing his voice and showing them his white paws.
7. Why did the two cry?
   They cried because the wolf had eaten the six kids.

125

8. What did they hear when they arrived at the meadow?
They heard a terrible noise.
9. Where was the wolf snoring?
He was snoring in the shade of a tree.
10. What question did the goat ask herself?
She asked herself: "Can it be possible that my children are still alive?
11. What did she say to the youngest kid?
She said to him: "Go home and bring me scissors, a needle, and thread."
12. With what did she open the wolf's stomach?
She opened it with the scissors.
13. Who came out of the wolf's stomach?
The six kids came out.
14. Why had they not been injured?
They had not been injured because the wolf had swallowed them whole without chewing them.
15. What did the kids carry to their mamma?
They took her rocks.
16. What did she fill with the rocks?
She filled the wolf's stomach with the rocks.
17. With what did she sew the hide?
She sewed the hide with needle and thread.
18. When the wolf awoke, why did he go to a well?
He went to a well because he was thirsty.
19. Why did he fall in the well?
He fell in the well because the weight of the rocks was so great.

Goldilocks and the Three Bears

I

Three bears lived in a little house in the middle of a great forest.

One was a large bear. He was the papa.

One was a bear of medium size. She was the mamma.

The third was a small bear. He was the child.

The cottage of the three bears had only four rooms: the living room, the dining room, the kitchen, and the bedroom.

It didn't have a bathroom because the bears bathed in a river nearby.

One day the mother made soup.

She poured the soup into three bowls: a large bowl for the father; a middle-sized bowl for herself; and a small bowl for the little bear.

She put the three bowls on the dining-room table.

The father tasted the soup in the large bowl and exclaimed:

"Ah! The soup is very hot. Let's go for a walk in the forest while it is cooling."

The mother, who, like all feminine bears, was very obedient, said:

"Yes, the soup is very hot. Let's go into the forest."

And the boy, being a bear and consequently obedient also, cried:

"Yes, yes! Let's take a walk while the soup is cooling."

And so the small family went on its walk.

As the bears were honest and didn't suspect anybody, they didn't lock the door.

It happened that there lived near this same forest a little girl who had golden hair.

Consequently, everybody called her *Goldilocks*.

This little girl was very fond of flowers.

It so happened that she was in the forest picking flowers while the bears were taking their walk.

Goldilocks went farther and farther into the forest until she became lost.

She arrived at the house of the three bears and said to herself:

"Perhaps in this house they can tell me the way to my house."

How could the child know that this house was inhabited by bears?

Goldilocks knocked at the door, *knock, knock!*

Of course no one answered.

She knocked again several times, and not receiving an answer, she committed a serious error: she opened the door and entered a strange house.

Conversation

1. Where did the three bears live?
   They lived in a little house in the middle of a large forest.
2. Describe the three bears.
   The papa was large, the mama middle-sized, and the boy was small.
3. What rooms did the cottage have?
   The cottage had a living room, dining room, kitchen, and bedroom.
4. Why didn't it have a bathroom?
   The three bears bathed in the river.
5. What did the mother make one day?
   She made soup and poured it in three bowls.
6. Describe the three bowls.

128

The father's bowl was large, the mother's bowl was middle-sized, and the boy's was small.

7. What did the father exclaim on tasting his soup?
He exclaimed: "The soup is very hot! Let's take a walk in the forest!"

8. What did the mother and child say?
They said the same thing.

9. Why didn't they lock the door?
They didn't lock the door because they were honest and didn't suspect anybody.

10. Who lived near the forest?
A little girl lived near it.

11. Why was she called *Goldilocks?*
She was called *Goldilocks* because her hair was golden.

12. What did this girl like?
She liked flowers.

13. What was Goldilocks doing while the bears were taking a walk?
She was picking flowers in the same forest.

14. Did she get lost in the forest?
Yes, she got lost there.

15. What did she say to herself when she arrived at the bears' house?
She said: "Perhaps in this house they can tell me the way to my home."

16. Did the girl know that bears lived in this house?
By no means.

17. Who answered when the girl knocked at the door?
Nobody answered.

18. Why didn't anybody answer?
Nobody was at home; the bears were walking in the forest.

19. Did the girl knock at the door more than once?
Yes, she knocked several times.

20. Then, what great mistake did she make?
She made the mistake of opening the door and entering a strange house.

129

II

Goldilocks was not a bad child, but she was young and somewhat stupid. Otherwise she would not have forced her way into a strange house.

Be that as it may, on entering the little house she saw the three bowls of soup on the dining room table.

In addition to being stupid, it seems that Goldilocks was a meddlesome girl also, because she didn't hesitate to taste the soup.

Upon tasting the soup in the large bowl, she exclaimed: "I don't like this soup; it is too hot!"

She said upon tasting the soup of the middle-sized bowl: "I don't like this soup either; it's too cold!"

But upon tasting the soup in the small bowl, she said: "Yes, indeed! I like this soup very much!"

So she drank it all up and the poor little bear was left without any soup.

Then Goldilocks went into the living room and in turn sat in the three chairs that were there.

She didn't like the large chair because it was too soft.

She didn't like the medium-sized chair because it was too hard.

But she liked the little chair because it was very comfortable. It developed, unfortunately, that the small chair was so flimsy that the girl broke it into a thousand pieces.

Poor little bear! No longer did he have a chair.

Now Goldilocks was sleepy. She entered the bedroom, where there were three beds: one large, one of medium size, and the third, small.

The girl lay down in the large bed, that she didn't like because it was too soft.

She lay down in the middle-sized bed, which she didn't like because it was too hard.

Then she lay down in the small bed, that was very comfortable.

It was so comfortable that the girl went to sleep immediately.

Meanwhile, the three bears returned from their walk in the forest.

They were hungry, very hungry.

The papa looked at his soup and exclaimed:

"Someone has tasted my soup!"

(The girl Goldilocks was so impolite that she had left the soup spoon in the bowl.)

The mother looked at her soup with the spoon in the bowl and exclaimed:

"Someone has tasted my soup also!"

Then the little bear looked at his empty bowl and exclaimed:

"Someone has drunk up all my soup! Poor me!"

The three bears went to the living room.

"Someone has sat in my chair!" growled the big bear.

"Someone has sat in my chair also!" exclaimed the middle-sized bear.

"Someone has broken my little chair in a thousand pieces!" shouted the boy.

Then the bears entered their bedroom.

"Someone has lain in my bed!" roared the papa.

"Someone has lain in my bed also!" growled the mother.

"Someone has lain in my bed, and here she is!'" shouted the small bear.

Upon hearing these exclamations, Goldilocks awoke. Seeing that the three bears were between her and the door, she jumped out of the small bed, ran to a window, jumped through it, and, forgetting that she was lost, ran rapidly to her home.

It goes without saying that never again did she visit the house of the three bears.

131

Conversation

1. Why did Goldilocks commit this error?
   She committed it because she was young and rather stupid.

2. What did she see on the dining room table?
   She saw the three bowls of soup.
3. Why did she taste the soup?
   She tasted it because she was meddlesome and hungry.
4. What did Goldilocks exclaim upon tasting the soup in the large bowl?
   She exclaimed: "This soup is too hot!"
5. Why didn't she like the soup in the middle-sized bowl?
   The soup in the middle-sized bowl was too cold.
6. Did she like the soup in the small bowl?
   Yes, she liked it so well that she drank it all up.
7. Which of the bears had no soup now?
   The poor little bear didn't have any.
8. What room did Goldilocks enter when she left the dining room?
   She entered the living room.
9. Describe the three chairs that the girl saw in the living room.
   There was a large chair for the papa, a medium-sized chair for the mamma, and a small chair for sonny.
10. Which of the chairs was too soft for Goldilocks?
    The large chair was too soft for her.
11. Why didn't she like the middle-sized chair?
    She didn't like the middle-sized chair because it was too hard.
12. Which of the chairs did the girl break?
    She broke the little bear's small chair.
13. Why didn't Goldilocks like the beds of either the father or the mother?
    The father's bed was too soft and the mother's bed was too hard.
14. Did she like the small bear's little bed?
    Yes, she liked it so well that she went to sleep in it.
15. How did the bears feel when they returned from their walk in the forest?
    They felt hungry.
16. How did the father and mother know that someone had tasted their soup?

132

They knew it because the girl had left the soup spoons in the two bowls.

17. How did the little bear know that someone had tasted his soup?

   He knew it because there was no soup in his bowl.

18. Why did the little bear become sad when he saw his small chair?

   He became sad because the small chair was broken into a thousand pieces.

19. Whom did Goldilocks see on awakening?

   She saw the three bears near her.

20. Why didn't she leave through the door?

   She went out through a window because the bears were between her and the door.

The Three Little Pigs

I

Once upon a time there were three little pigs who lived with their mother.

The mother was a widow and so poor that one day she called her three little sons and said to them:

"Beloved piggies, there is nothing to eat in the house. You have to go out into the world to make a living."

And so the three animals went forth to seek their fortune in the cruel world.

They were walking along the highway when they met a man who had a load of straw.

"Sir,'" the first little pig said to the man, "please give me your load of straw. I want to build me a house with it."

The man must have been very generous, because he gave the first little pig all his straw.

The little pig immediately built himself a straw cottage. The cottage was pretty but naturally somewhat fragile.

The two remaining little pigs were continuing on their way when they met a man who had a load of twigs.

"Sir," the second little pig said to him, "please give me your load of twigs. I want to build me a house with them."

This man also was very generous or half crazy, because he gave his entire load of twigs to the second little pig.

With the twigs the animal made himself a little house as pretty and almost as fragile as the straw house made by his brother, the first little pig.

The third little pig was walking along the highway when he met a man who had a load of bricks.

The little pig asked the man for them so that he could build a house for himself.

It happened that this man was even more generous or crazy than the two other men, because he gave the third little pig his valuable load of bricks.

With them the animal built himself a house both pretty and strong.

In a cave not very far from the cottages of the three little pigs there lived a wolf.

This wolf always had a good appetite and his favorite food was the meat of a young pig.

He determined to devour the three little pigs, beginning with the first one.

So with a paw he knocked at the door of the straw cottage, *knock, knock!*

"Who is knocking at my door?" asked the first little pig.

"It is I, your friend, Mr. Wolf. I want to visit you."

"No, no! You can't enter my house. Wolves are not friends of pigs."

"If you don't open the door to me, I shall huff and blow and destroy your house."

"It isn't possible to destroy my house," replied the little pig.

On hearing this reply the wolf began to huff and blow. He huffed and blew with such force that the house soon fell to the ground.

Then the wolf ate up poor little pig number one.

135

Conversation

1. With whom did the three little pigs live?
   They lived with their mother.
2. Why did the mother tell her young sons that they had to go out into the world to seek their livelihood?
   She told them that because she was a widow and so poor that she had nothing to eat in the house.
3. Where were the three little pigs walking when they

met the first man?
They were walking along the highway.

4. What did the man have?
He had a load of straw.

5. Who asked him for his load of straw?
The first little pig asked him for it.

6. Did the man give his straw to the little pig?
Yes, he gave it to him.

7. What did the first little pig do with the straw?
He built a cottage with it.

8. Describe the cottage.
The cottage was pretty but fragile.

9. Who obtained the load of twigs?
The second little pig obtained it.

10. Describe the little house built of twigs.
It was as pretty and almost as fragile as the straw cottage made by the first little pig.

11. Whom did the third little pig meet?
He met a man who had a load of bricks.

12. Why did the third little pig ask the man for them?
This little pig wanted to build his house of bricks.

13. Did the man give the bricks to the little pig?
Yes, he gave all of them to him.

14. Why did he do it?
He did it because he was generous or crazy, or both.

15. Was the third pig's house stronger than the houses of his two brothers?
Yes, of course it was, because it was built of bricks.

16. Where did the wolf live?
He lived in a cave near the houses of the three little pigs.

17. What was this wolf's favorite food?
His favorite food was the meat of a young pig.

18. What did the wolf say when he knocked at the first little pig's cottage door?

He said that he was Mr. Wolf, a good friend of the little pig.
19. How did he destroy the straw house?
He destroyed it by huffing and blowing.
20. What did the wolf devour?
The wolf devoured poor little pig number one.

II

The wolf's hunger was satisfied for several days, but finally he began to think how savory the second little pig should be.

So he knocked at the door of the little house built of twigs, with a paw, *knock, knock!*

"Who's knocking?" shouted the little pig.

"I am your good friend, Mr. Wolf. I want to enter and chat with you."

"No, no! You can't enter. You are my mortal enemy; you ate my little brother. I don't want to be food for any wolf!"

"Well, then; if you don't open the door to me, I shall huff and blow and destroy your house."

"My house is stronger than that of my late brother; you can't destroy it."

But the wolf huffed and blew with such force that soon the house of twigs was completely destroyed.

Then the wolf devoured unfortunate little pig number two.

There was a repetition of the same events: the wolf experienced no hunger for several days. Afterwards, he began thinking how delicious and savory the third little pig would be.

Soon he was knocking at the door of the brick house, *knock, knock!*

The little pig asked the usual question:

"Who is knocking?"

And the wolf gave the usual reply:

"I am your dear friend, Mr. Wolf. I want to enter and chat awhile with you."

"You say that you are my dear friend when you have eaten my two little brothers? No, no, you are the worst of my enemies. I shall never permit you to enter my home."

"Then I shall huff and blow and destroy your house."

"That is impossible. My house is made of bricks and is very, very strong."

Upon hearing these words the wolf began to huff and blow. He spent a long time huffing and blowing, but without success. Finally the wolf said:

"I confess, third piggy, that I can't destroy your brick house. But I have another recourse: I am going to imitate Santa Claus and come down through your chimney. Then I shall eat you with much pleasure."

The little pig didn't answer the wolf, but he had a brilliant idea. He put a large pot of water in the fireplace and when the wolf got down to the fireplace the water was already boiling.

"Help, help! I am suffering horribly!" cried the wolf.

Of course the third little pig was not inclined to help his mortal enemy, the killer of his two little brothers.

On the contrary, he found the wolf soup delicious.

Conversation

1. After several days, what did the wolf begin to think about?

   He began to think how savory the second little pig should be.

2. With what did he knock at the little house built of twigs?

   He knocked with a paw; he didn't have hands.

3. When the second little pig asked him who was knocking, what did the wolf reply?

   He replied that he was his good friend who wanted to enter and chat with him.

4. Why didn't the little pig give him permission to enter?

   The second little pig knew that the wolf had already eaten up his small brother, the first little pig.

5. What did the wolf do then?
   The wolf huffed and blew until he destroyed the twig cottage.
6. Did the wolf devour the second little pig?
   Yes. What a pity! He ate him up.
7. When did the wolf become hungry again?
   After several days he began to suffer the pangs of hunger.
8. How many little pigs were there left for him to eat?
   Only one was left for him to eat.
9. Did the third little pig live in a fragile house?
   No, this little pig lived in a house that was very strong.
10. Did this little pig give the wolf permission to enter his house?
    By no means did he give it to him.
11. Why not?
    The little pig knew that the wolf had eaten up the other two piggies.
12. What happened when the wolf huffed and blew?
    Nothing happened.
13. What other recourse did the wolf have?
    He had the recourse of going down the chimney, Santa Claus fashion.
14. What brilliant idea did the third little pig have?
    He had the idea of putting a pot of water to boil in the fireplace.
15. What did the wolf exclaim on falling into the boiling water?
    He exclaimed: "Help, help! I am suffering horribly!"
16. Why didn't the little pig help him?
    The little pig didn't help him because the wolf had eaten up the little pig's small brothers and now wanted to eat him.
17. What did this little pig find to be delicious?
    He found wolf soup to be delicious.

139

Hansel and Gretel

I

A poor woodcutter lived with his wife and his two small children in a hut situated in a forest.

All were suffering from hunger and poverty.

The woman did not love the boy and girl, who were named Hansel and Gretel, because they were not her children.

For that reason the stepmother convinced her husband that all of them would die from hunger if they continued living together.

She said to the woodcutter:

"We ought to carry the children to another part of the forest and leave them there. Without doubt someone will take pity on them and will feed them."

The father consented very unwillingly.

On the following morning they all left for a distant part of the forest "to gather firewood," according to what the stepmother said.

After walking a long distance the woman said to the children:

"Remain here until we return."

Hansel and Gretel were very tired.

They soon went to sleep.

When they awoke, it was night.

The children walked all night long and the greater part of the following day.

Finally they heard the song of a bird.
It was a little white bird.
It led Hansel and Gretel to a clearing in the forest and left them there.
In the clearing there was a little house made of honey bread and nuts.
As they were very hungry, Hansel and Gretel began removing sweets from the walls and eating them.
Meanwhile, an ugly, wrinkled witch came out of the house.
She had the children enter and sit at a table.
On the table were cookies, cakes, chocolate candy, and refreshments.
When Hansel and Gretel had eaten all they could, the witch took them to a bedroom and had them go to bed.
It happened that the witch had constructed the house of honey bread and nuts to trap children.
She didn't like sweets but she was very fond of eating the meat of children.

Conversation

1. Where and with whom did the woodcutter live?
   He lived in a cabin situated in a forest with his wife and his two small children.
2. From what were they all suffering?
   They were suffering from hunger and poverty.
3. What were the names of the children?
   They were named Hansel and Gretel.
4. Why did the woman not love them?
   She didn't love them because they were not her children.
5. What did the stepmother convince her husband?
   She convinced him that all would die of hunger if they remained together.
6. What did she say to the woodcutter?
   She said: "We ought to leave the children in another

141

part of the forest. Someone will take pity on them and
will feed them."
7. How did the father consent to this plan?
   He consented very unwillingly.
8. Where did they all go on the following morning?
   They went to a distant part of the forest.
9. On arriving there, what did the stepmother say to the
   children?
   She said to them: "Remain here until we return."
10. Who were very tired?
    Hansel and Gretel were very tired.
11. What did they soon do?
    They went to sleep.
12. When did they awaken?
    It was night when they awoke.
13. How long did the children walk?
    They walked all night and the greater part of the fol-
    lowing day.
14. Where did the little white bird lead them?
    It led them to a clearing in the forest.
15. What was there in the clearing?
    In the clearing there was a little house made of honey
    bread and nuts.
16. Why did Hansel and Gretel start removing the sweets
    from the walls and eating them?
    They did it because they were very hungry.
17. Who came out of the house?
    An ugly and wrinkled witch came out.
18. When she had the children enter the house, what did
    she give them to eat?
    She gave them cookies, cakes, chocolate candy, and re-
    freshments.
19. Why had the witch built this house of sweets?
    She had done it to trap children.
20. Did the witch like sweets?
    No, her favorite food was the meat of children.

II

On the following morning the witch took Hansel out of bed and put him in a big cage in the barnyard.

She said to Gretel:

"You have to prepare the meals to fatten Hansel. I am going to eat him on my birthday."

Gretel had to cook enormous meals three times a day.

The witch would take them to the cage in which Hansel was imprisoned and say to him:

"Show me your finger so that I may know how much you have fattened."

Hansel, knowing that the witch couldn't see well, would show her a chicken bone.

As the bone was always the same, the old woman believed that the child was not fattening.

Thus went by not only her birthday but many other days also.

Finally the witch said to Gretel:

"Thin or fat, I am going to eat your brother this very night. Fill the pot and boil the water. And we are going to bake bread."

Opening the oven door, the witch said:

"Put your head in the oven to see if it is hot."

At this moment appeared the little white bird, the friend of the children.

It told Gretel that the witch intended to burn her alive.

And so the little girl said to the old woman:

"Please show me how to put my head in the oven."

"I shall be glad to do so," replied the witch.

And she put her head in the oven.

Gretel immediately jerked away the cane that the witch always carried, took her by the feet, shoved her into the oven, and closed the door.

Then the girl released her brother from the cage.

The little white bird pecked the walking stick (that was a hollow cane), until he opened it.

143

From the cane fell diamonds, pearls, emeralds, rubies, and other precious stones.

The children filled their pockets with the precious stones.

Then they followed the bird until they arrived at the shore of a lake.

A swan came and carried them to the other shore.

Hansel and Gretel took leave of the little bird and soon reached home.

Their father received them with great rejoicing.

He told them that the stepmother had left forever.

With the money that Hansel and Gretel and their father received for the precious stones they all lived happily.

Conversation

1. On the following morning, where did the witch put Hansel?

   She put him in a large cage in the barnyard.
2. What did the witch say to Gretel?

   She said that Gretel would have to prepare the meals to fatten Hansel.
3. What would the witch do with the enormous meals that Gretel had to cook three times a day?

   She would feed them to Hansel in the cage.
4. What would she say to the boy?

   She would say to him: "Show me your finger so that I may know how much you have fattened."
5. How did Hansel deceive the witch?

   He knew that the witch didn't see well and he would show her a chicken bone.
6. What did the witch believe?

   As it was always the same bone, she believed that the boy was not fattening.
7. What did the old woman finally say to Gretel?

   She told her: "Thin or fat, I am going to eat your brother this very night."
8. When the little girl was going to stick her head in the oven, what did the little white bird say to her?

144

The little bird told her that the witch was intending to burn her alive.
9. Then what did Gretel say to the old woman?
She said: "Please show me how to put my head in the oven."
10. What did the witch reply?
She replied, "I shall do so with pleasure."
11. When the old woman put her head in the oven, what did Gretel jerk from her?
She jerked from her the walking cane that the witch always carried.
12. What did Gretel do then?
She took the witch by the feet, shoved her in the oven, and closed the door.
13. Then, whom did the little girl release from the cage?
She took her brother out of the cage.
14. What did the little bird do to the cane?
He pecked it until he opened it.
15. What fell from the cane?
Diamonds, pearls, emeralds, rubies, and other precious stones fell from the cane.
16. What did the children do with the precious stones?
They filled their pockets with them.
17. To what point did they follow the bird?
They followed it until they reached the shore of a lake.
18. What carried them to the far shore?
A swan carried them there.
19. How did the father receive his little children?
He received them with great rejoicing.

Jack and the Beanstalk

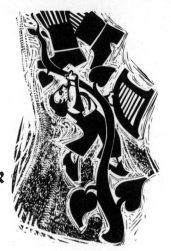

I

Jack, a boy twelve years old, lived with his mother. His mother, like almost all fairy-tale mothers, was a poor widow.

In fact, she was so poor that her only possessions were Jack and a cow. The cow was naturally more valuable than Jack.

Be that as it may, one day the poor widow called her beloved little son and said to him:

"Jack, there is nothing to eat in the house. Take the cow to the market and sell it so that we can buy something to eat."

It must be realized that Jack, in common with the majority of the boys and girls in fairy tales, was sweet, but not too bright.

"Very well, Mother dear," replied the little boy.

He took the cow out of the barnyard and with her began the trip to the market.

After walking a short distance along the highway Jack and the cow saw at the side of the road a man who had a heap of beans for sale.

Of all the foods in this world, Jack liked beans best. It can be said that he was madly fond of beans.

The little boy pulled his cow to the side of the highway and said to the bean peddler:

"Sir, those are very pretty beans. What do you ask for them?"

The bean peddler was cunning and instantly realized that Jack was somewhat stupid.

"I will give you these beans for your cow."

In spite of his stupidity, Jack hesitated some moments at this ridiculous offer but, inasmuch as he was so fond of beans, he finally said:

"All right, give me the beans and the cow is yours."

Jack put the beans in his hat and returned home.

It so happened that his mother didn't care in the least for beans and she became very angry at what her son had done.

She became so angry that she cried and threw the beans out of a window in Jack's bedroom. The two went to bed without eating supper that night for two reasons: the mother was very angry at her son's stupidity, and there was nothing to eat in the house.

Conversation

1. How old was Jack?
   He was twelve years old.
2. With whom did he live?
   He lived with his mother.
3. Was Jack's father living?
   No, his mother was a poor widow.
4. What possessions did the mother have?
   Her only possessions were Jack and a cow.
5. What did the mother say to her beloved little son one day?
   She told him that inasmuch as there was nothing to eat in the house, he ought to take the cow to the market and sell her.
6. What characteristics did Jack have in common with most of the children in fairy tales?
   He was good natured, but not too bright.
7. What did he reply to his mother?
   He replied, "Very well, Mother dear."

8. Where did he get the cow?
   He fetched her from the barnyard.
9. What did Jack and his cow see at the roadside?
   They saw a man who had a heap of beans for sale.
10. Did Jack like beans?
    Yes, he was crazy about them.
11. What did Jack say to the bean peddler?
    He asked him the price of the beans.
12. What did the peddler of beans realize?
    He realized that Jack was somewhat stupid.
13. What did the peddler reply?
    He replied that he would give him all the beans for the cow.
14. Why did the boy hesitate a while?
    He hesitated because the offer was so ridiculous.
15. Why did he finally accept the offer?
    He accepted it because he was so crazy about beans.
16. How did he take the beans home?
    He took them home in his hat.
17. Was his mother very fond of beans?
    By no means.
18. What did the mother do when she found out what Jack had done?
    She wept and threw the beans through a window of the boy's bedroom.
19. Did the two eat a good supper that night?
    No, they didn't eat anything.
20. Why not?
    For two reasons: the mother was too angry, and there was nothing to eat in the house.

II

On awakening the following morning Jack looked through a window of his bedroom and saw a beanstalk so high that he couldn't see the top.

"Without doubt it has a top; I am going to climb it," he said to himself.

He climbed and climbed until he reached a country in the sky.

On arriving there he met a good fairy, who said to him:

"Jack," she said, pointing to a house near them, "a giant lives there who robbed your good father of his treasures. It is your duty to recover the treasures and punish the giant."

"Thanks, dear fairy. I shall go right now to punish the giant and recover the treasure," replied the little boy.

Within a little while the child was knocking at the door of 'the giant's house, *knock, knock.*

The wife of the giant, a sweet woman who was afraid of her husband, opened the door and asked:

"What do you want, little boy?"

"I am very hungry. Can you give me something to eat?" replied Jack.

"Yes. Come with me but don't make any noise. My husband the giant is sleeping and I don't want him awakened."

The woman served the boy a good meal, but he had not eaten long when he heard a terrible noise.

The giant had awakened and was walking through the house, exclaiming:

"Fe, fi, fo, fum, I smell the blood of an Englishman!"

The wife opened the door to the oven of the kitchen range and Jack hid there.

The giant didn't find him and sat at the table to eat.

After eating a very heavy lunch the giant amused himself with a hen that layed gold eggs. Then he went to sleep in his armchair.

149

Jack was watching it all through a crack in the oven, and when the giant began snoring, the lad caught the hen that layed gold eggs, ran to the beanstalk, descended, and soon reached home.

Of course he and his mother became rich and happy from the sale of the golden eggs.

Jack returned twice to the giant's home.

On his second visit he took some bags of gold from the giant, and on the third visit he relieved him of a harp that talked and sang.

As the boy was leaving the giant's house with the harp, the latter began to shout:

"Wake up, master, wake up!"

Jack ran and went down the beanstalk very fast.

On reaching the ground he saw the giant coming down.

The boy called his mother and the two cut the beanstalk with an axe.

The giant fell and died.

From that time on Jack and his mother lived even more happily because they were no longer afraid of the giant.

Conversation

1. What did Jack see the following morning?
He saw a beanstalk.
2. Was the stalk very high?
Yes, it was so high that its top couldn't be seen.
3. What did Jack say to himself?
He told himself that he was going to climb the stalk until he reached its summit.
4. On climbing the stalk, where did the boy arrive?
He reached a strange country.
5. Whom did he meet there?
He met a good fairy.
6. What did the fairy tell him?
She told him that a giant lived there who had robbed Jack's father and that Jack should recover the treasure and punish the giant.
7. What kind of a woman was the giant's wife?
She was sweet.
8. What did Jack reply when she asked him what he wanted?

He replied that he was very hungry and wanted something to eat.

9. What did she serve him?
She served him a good meal.
10. What did the giant exclaim on awakening?
He exclaimed: "Fe, fi, fo, fum, I smell the blood of an Englishman!"
11. Where did Jack hide?
He hid in the oven of the kitchen range.
12. What did the giant do?
He sat down at the table to eat.
13. After eating, how did the giant entertain himself?
He entertained himself with a hen that layed golden eggs.
14. After amusing himself with the hen, what did the giant do?
He went to sleep and snored.
15. Then, what did Jack do?
He caught the magic hen and went home rapidly.
16. What change came over his mother and him?
They became rich and happy.
17. How many times did Jack return to the giant's house?
He returned twice.
18. What else did he take from the giant?
He took some bags of gold and a harp that talked and sang.
19. What did Jack and his mother do when they saw the giant coming down the beanstalk?
They cut the stalk with an axe, killing the giant.
20. After this, why did the widow and her son live even more happily?
They lived more happily because they were no longer afraid of the giant.

The Water Sprite
and the Woodcutter

One day a woodcutter was cutting a tree on the bank
of a river. The axe slipped out of his hands and fell into
the river, sinking in it.

Greatly aggrieved, he sat on the bank and began to cry.
The water sprite, who had heard his lamentations, took
pity on him and appeared to him.

When he had learned the reason for the woodcutter's
grief, the sprite dived to the bottom of the river and, bringing up a gold axe, asked him:

"Is this your axe?"

The woodcutter replied:

"No, this is not mine."

The water sprite again dived into the river and extracted
a silver axe. And he said to the woodcutter:

"Can this, by chance, be your axe?"

The man replied:

"No, this isn't mine either."

Then the sprite, diving the third time to the bottom of
the river, brought up the real axe. Immediately on seeing
it, the woodcutter exclaimed happily:

"This indeed is mine!"

The water sprite was so pleased with the man that, as
a reward for his honesty, he gave him the other two axes
also.

The good man went home immediately to show the gifts
and relate his adventure to his companions.

One of his companions conceived the idea of doing the same thing his friend had done and see if he would have the same luck. He went near the river, let his axe fall in the water, and began weeping.

The water sprite presented him with a gold axe and asked him:

"Is this your axe?"

The woodcutter, very happy, hastened to say:

"Yes, yes, this is mine!"

Then the water sprite, to punish him for his lie, gave him neither the gold axe nor his own.

Conversation

1. What was the woodcutter doing?
   He was cutting down a tree.
2. Where was he?
   He was on the bank of a river.
3. Where did his axe fall?
   It fell into the river.
4. What did the woodcutter do then?
   He sat down on the bank and began to cry.
5. Who heard his lamentations?
   The water sprite heard them.
6. Did the sprite take pity on him?
   Yes, he took pity on him and appeared to him.
7. What did the sprite take out of the river?
   He took out a gold axe.
8. What did he ask the woodcutter?
   He asked him: "Is this your axe?"
9. What did the woodcutter reply to him?
   The woodcutter replied that it was not his.
10. When the sprite dived again into the river, what did he bring out?
    He brought out a silver axe.
11. What did he say to the woodcutter?
    He said to him: "Is this, by chance, your axe?"

153

12. What did the man reply?
    He replied: "No, this isn't mine either."
13. What did the sprite bring him after diving to the bottom of the river the third time?
    He brought him his own axe.
14. What did the woodcutter exclaim then?
    He exclaimed: "This indeed is mine!"
15. What did the sprite give him as a reward for his honesty?
    He gave him the other two axes also.
16. Where did the woodcutter go immediately?
    He went home immediately to show the gift and tell his companions about the adventure.
17. What idea occurred to another woodcutter?
    There occurred to him the idea of doing the same thing his companion had done and seeing if he would have the same luck.
18. What axe did the sprite give the second woodcutter?
    He gave him an axe of gold.
19. When the sprite asked him if the gold axe was his, did the second woodcutter tell a lie or the truth?
    He told a big lie.
20. What did the sprite do to punish him?
    He didn't give him any axe.

The Cat with Boots

I

A miller died, leaving his three sons his mill, his donkey, and his cat.

Before dying the father said to his sons:

"When I die, work together and you will live well. Flour will be made in the mill. The donkey will carry it to market. And the cat won't let the mice eat it."

But when the miller died, his sage advice was forgotten.

The oldest son took the mill.

He gave the donkey to the second son and the cat to the youngest son.

The second son argued with the eldest over the division.

But the youngest son was so sad over the death of his father that he didn't think of the injustice of the allotment.

He began to talk to Trumpet, his cat.

"My oldest brother will make a good living with the mill. My second brother will also make a good living with his donkey. But what kind of a living can I make with you, my good Trumpet?"

"Don't worry, master dear," replied Trumpet. "I am worth more than a mill and a donkey because I have intelligence. Get me a pair of boots and a game bag and you will see what I can do."

The boy obtained the boots and the game bag and gave them to Trumpet.

The cat took the game bag to the forest and filled it with leaves.

155

He left the game bag open in a visible place and hid himself.

Soon a rabbit came and entered the game bag.

Trumpet pulled the cords of the bag, imprisoning the rabbit.

Then he carried the game bag with the rabbit to the palace of the king.

"Tell His Majesty that an emissary from the Marquis of Finegold wishes to see him," he told the porter who guarded the door.

"Finegold?" said the king; "I don't know him."

But the king was so friendly that he had the cat admitted.

Trumpet gave the rabbit to the king with these words:

"Majesty, my master, the Marquis of Finegold, begs you to accept this gift."

"Your master is very genteel; tell him that I am grateful to him for the gift," said the king.

Trumpet returned to the forest and caught two quail.

He went to the palace and requested audience with the king.

The king received him even more cordially than the first time.

"Your Majesty," said the cat, "my master, the Marquis of Finegold, asks you to accept this gift."

"Tell your master, the Marquis of Finegold, that I thank him very much," replied the king.

Trumpet visited the king almost daily for two months, always taking him gifts in the name of the Marquis of Finegold.

His majesty was so impressed that he wished to meet such a faithful subject.

Conversation

1. When the miller died, what did he leave his three sons?
   He left them his mill, his donkey, and his cat.

2. Did the three sons follow the wise advice of their father?
   They did not follow it.
3. Who took the mill?
   The oldest son took it.
4. Who took the donkey?
   The second son took it.
5. Who received the cat?
   The youngest son received nothing but the cat.
6. What did the youngest son say to Trumpet, the cat?
   He said to him: "Of what value are you to me?"
7. What was Trumpet's reply?
   He replied: "Don't worry, my dear master. Get me a pair of boots and a game bag and you will see what I can do."
8. Did the boy get them?
   Yes, he obtained them and gave them to the cat.
9. What did Trumpet do with the game bag?
   He carried it to the forest and filled it with leaves.
10. What animal entered the game bag?
    A rabbit entered the game bag.
11. Where did Trumpet carry the game bag with the rabbit?
    He took it to the palace of the king.
12. What did he say to the porter who guarded the palace door?
    He said: "Tell His Majesty that an emissary from the Marquis of Finegold desires to see him."
13. What did the king say when he received the message?
    He said: "Finegold? I don't know him."
14. Why did the king let the cat enter?
    The king let the cat enter because his majesty was very friendly.
15. With what words did Trumpet present the rabbit to the king?
    He said to him: "Majesty, my master, the Marquis of Finegold, begs you to accept this gift."
16. What did the king reply to the cat?
    He replied: "Your master is very genteel; tell him that I am grateful to him for the gift."

17. What did Trumpet catch when he returned to the forest?
He caught two quail.
18. What did the king say on being presented with the quail?
He told the cat: "Tell your master, the marquis, that I thank him very much."
19. When did Trumpet carry gifts to the king again?
He returned almost daily for two months.
20. Whom did the king want to meet?
He wanted to meet the Marquis of Finegold because he was such a faithful subject.

II

One day the Cat with Boots, the name that he had given himself, learned that the king was going riding along the river bank.

His daughter always accompanied him on his rides.

"This is a wonderful opportunity for us," Trumpet said to his master. "Do what I tell you and all will turn out well."

"What do you want me to do, Trumpet?"

"Go to the river, go in swimming, and when I shout, act as though you are drowning."

The so-called Marquis of Finegold promised to do so.

Trumpet ran to the place where the king was due to pass.

When he heard the bells of the royal carriage ringing, he shouted:

"Help! Help! The Marquis of Finegold is drowning!"

The king recognized his little friend the Cat with Boots and ordered his men to save the genteel master.

While they were doing so, Trumpet went to the king and said to him:

"Your Majesty, my master can't offer you his respects because some thieves stole his clothes while he was swimming."

"That's nothing," replied the king. "He will be brought clothing from my wardrobe immediately."

That was done and the Marquis of Finegold made a very gallant appearance when he thanked the king.

The king and the princess were charmed by the youth.

At the king's invitation the so-called Marquis of Finegold entered the carriage to ride with the monarch and the princess.

Meanwhile, the Cat with Boots went in advance of the carriage and arrived at the great castle in which the owner of that district lived.

He was the richest and cruelest ogre in the world.

Trumpet presented himself before him and said:

"'I have always wanted the honor of meeting you. They have told me that you can transform yourself into any animal."

"That's true," said the ogre.

Immediately he transformed himself into a terrible lion and wanted to devour the Cat with Boots.

Trumpet succeeded in finding refuge at the top of a stairway and said to him:

"Can you convert yourself into a mouse?"

"Of course," replied the ogre, converting himself into a mouse.

Trumpet ate him up.

Then the Cat with Boots heard the bells of the royal carriage.

He called together the servants of the castle and said to them:

"From now on, your master is the Marquis of Finegold. The ogre has disappeared."

159

The king's carriage arrived soon and the servants served the best banquet that the king had ever eaten.

The king was so contented and grateful that he made a prince of the Marquis of Finegold and gave him his daughter in marriage.

It goes without saying that great happiness resulted from the schemes of the Cat with Boots.

Conversation

1. What name had Trumpet given himself?
   He had given himself the name of the Cat with Boots.
2. What did Trumpet learn?
   He learned that the king was to take a drive along the river bank with his daughter.
3. What did the Cat with Boots say to his master?
   He told him: "This is a wonderful opportunity for us. Do what I tell you and all will turn out well."
4. What did the master reply?
   He replied: "What do you want me to do, Trumpet?"
5. What did the cat say?
   "Go to the river, go in swimming, and when I shout, act as though you are drowning."
6. When Trumpet heard the bells of the royal carriage ringing, what did he shout?
   He shouted: "Help! Help! The Marquis of Finegold is drowning!"
7. What did the king order?
   On recognizing his little friend the Cat with Boots, the king ordered his men to rescue his genteel master.
8. What did Trumpet say to the king?
   He told him that some thieves had stolen the clothes of the marquis while the latter was swimming.
9. What did the king reply to the cat?
   He said: "That's nothing. He will be brought clothing from my wardrobe immediately."
10. Who were charmed by the youth when he thanked the king?
   The king and especially the princess were charmed.
11. At the invitation of the king, what did the so-called marquis enter?
   He entered the royal carriage to ride with the monarch and the princess.

12. Where did the Cat with Boots arrive when he went in advance of the royal carriage?
He arrived at the great castle inhabited by the owner of that district.

13. Who was the owner of the district?
It was the cruelest and richest ogre in the world.

14. What did Trumpet say to him?
Trumpet told him that he wanted to meet him because he had heard that the ogre had the ability to transform himself into any animal.

15. What did the ogre reply?
"It is true," he replied.

16. In what did he transform himself immediately?
He transformed himself into a terrible lion.

17. What did the cat do when the ogre transformed himself into a mouse?
He ate him up.

18. Then, what did Trumpet say to the servants?
He said: "From today your master is the Marquis of Finegold. The ogre has disappeared."

19. Did the king like the banquet that the servants served him?
Yes, it was the best banquet that the king had ever eaten.

20. What happiness resulted from the schemes of the Cat with Boots?
The king made a prince of the Marquis of Finegold and gave him his daughter in marriage.

The Milkmaid

A young milkmaid was walking with a jar of milk on her head, which she was carrying to market. While she was walking along she began to think:

"With the money that I shall get for this milk I can increase the number of eggs being incubated to three hundred. At least two hundred and fifty chickens will hatch from these eggs.

"The chickens will be ready to be carried to market at precisely the time when they can be sold at the highest price. So I can be sure that by the first of the year I shall have enough money to buy me a dress.

"In this dress I shall go to the fair, where all the young men will want to marry me; but I, moving my head from one side to the other, shall say *no* to them all."

The poor milkmaid was so absorbed in her thoughts that without realizing it, on saying the last sentence she moved her head with such bad luck that the jar of milk fell to the ground, and in a moment she lost what was going to make her so happy.

The moral to this is that we shouldn't count our chickens before they are hatched.

Conversation

1. Where was the girl going?
   She was going to market.
2. What was she carrying on her head?
   She was carrying a jar of milk on her head.

3. What did she plan to increase with the money she would receive from the milk?
   She planned to increase the number of eggs being incubated.
4. How many chickens did she expect to have?
   She expected to have at least two hundred and fifty chickens.
5. When would the chickens be ready to be taken to market?
   They would be ready to be taken to market at the time when they could be sold at the highest price.
6. How much money would the milkmaid have by the first of the year?
   She would have enough money to buy herself a dress.
7. Where would she wear this dress?
   She would go to the fair.
8. What would all the young men wish?
   All would wish to marry her.
9. What would the milkmaid say to all the youths?
   Moving her head from one side to the other, the milkmaid would say *no* to them all.
10. Was the girl walking absentmindedly?
    Yes, she was completely absorbed in her thoughts.
11. When did she move her head?
    She moved her head on saying the last sentence.
12. When she moved her head from one side to the other, what came to the ground?
    The jar of milk fell to the earth.
13. Did the jar break?
    Yes, the jar broke into a thousand pieces.
14. Did the milkmaid continue to the market?
    She did not continue to the market.
15. Why did she become sad?
    She became sad because now she wouldn't have the money to buy herself a new dress.
16. Would the young men wish to marry her if she were attired in an old dress?
    No, swains want to marry girls who wear new dresses.

NTC ELEMENTARY SPANISH TEXTS & MATERIALS

Language-Learning Materials
NTC Language Learning Flash Cards
NTC Language Posters
NTC Language Puppets
Welcome to Spanish Learning Cards
Language Visuals
Initial Sounds in Spanish
Ronda del alfabeto (filmstrip/audiocassette)
A, E, I, O, U: Ahora cantas tú
  (filmstrip/audiocassette)

Dictionaries
Let's Learn Spanish Picture Dictionary
Spanish Picture Dictionary
Diccionario bilingüe ilustrado

Spanish Language Development Programs
¡Viva el español!
  Learning Systems A, B, C
  Converso mucho
  Ya converso más
  ¡Nos comunicamos!
Spanish for Young Americans Series
  Hablan los niños
  Hablan más los niños
  Bienvenidos
Welcome to Spanish Series
  First Start in Spanish
  Moving Ahead in Spanish

Coloring Books
Let's Learn Spanish Coloring Book
My World in Spanish Coloring Book

Workbooks
Mi cuaderno (Books 1, 2, and 3)
Historietas en español
Leamos un cuento
Ya sé leer Workbook

Songbooks
Songs for the Spanish Class
  (audiocassette available)
"Cantando" We Learn (audiocassette
  available)
Canciones dramatizadas
Christmas Songs in Spanish

Phonics Programs
Soundsalive
Mi primera fonética

Computer Software
Basic Vocabulary Builder on Computer
Amigo: Vocabulary Software

Spanish and Bilingual Readers
Horas encantadas
Mother Goose on the Río Grande
Había una vez
Treasury of Children's Classics
  in Spanish and English
¡Hola, amigos! Series
Bilingual Fables
Gabriel, the Happy Ghost Series

For further information or a current catalog, write:
National Textbook Company
a division of *NTC Publishing Group*
4255 West Touhy Avenue
Lincolnwood, Illinois 60646-1975 U.S.A.